# الوسيلة
# في
# النحو العربي

جمع وإعداد
## د/ علاء إسماعيل إبراهيم
## (عابر سبيل)

# الوسيلة في النحو

د/ علاء إسماعيل إبراهيم

الجمع والإخراج

التجهيزات الفنية بدار ماستر للنشر

رقم الإيداع/ 16089 / 2020م

ISBN: 978-977-85768-3-2

Draft2digital ISBN: 9798227041586

©

2023م

Email: master.publisher@hotmail.com

Facebook: facebook.com/Master.PH

Smashwords: smashwords.com/master.ph

Tel & Whatsapp/+2 0128 730 3637

بسم الله الرحمن الرحيم
" مِنَ الْمُؤْمِنِينَ رِجَالٌ صَدَقُوا مَا عَاهَدُوا اللَّهَ عَلَيْهِ فَمِنْهُمْ مَنْ قَضَى نَحْبَهُ وَمِنْهُمْ مَنْ يَنْتَظِرُ وَمَا بَدَّلُوا تَبْدِيلًا "
صدق الله العظيم

(الأحزاب /23)

# ALAA ISMAEL

# المقدمة

الحمد لله الذي وهبنا العربية لغة , وأنزل كتابه الكريم هداية ورحمة. والصلاة والسلام على سيدنا محمد ﷺ ، أما بعد :

فهذه محاولة لاختراق الحاجز الممتد بيننا وبين اللغة العربية الذي شيدته أوهامنا , وزعم البعض أن اللغة العربية صعبة الفهم , لا ترقى لأن تكون لغة تخاطب بين الناس في عصورهم المتقدمة.

وبقي النحو العربي الحاجز الأكبر بعد أن أصبح مقيدا في صورة قواعد يجب أن تحفظ دون تنمية لمهارة التفكير والإبداع.

كذلك كانت بعض الدراسات اللغوية تمثل عائقا أمام طلاب اللغة في بداية طريقهم بسبب تعدد مسائل الخلاف التي لا تنتهي ، والتأويل الذي لا ضرورة له مما دفعهم إلى تعلم النحو وهم في منأى عن متعة الدراسة اللغوية وجمال العربية.

هذه الدراسة تقدم وسيلة لفهم النحو دون التعرض لقضايا الخلاف ، بالرجوع إلى مصادر اللغة وجمع مادتها ؛ لفهم اللغة وتذوقها .

أسأل الله العظيم أن يتقبل هذا العمل خالصا لوجهه الكريم , وأن ينفع به طلاب لغتنا الخالدة .


عابر سبيل
وردان ـ منشأة القناطر ـ الجيزة
01284171207

# ALAA ISMAEL

# الفصل الأول
# (المقدمات )

## تمهــيد

- حروف الهجاء تسعة وعشرون حرفا ( أ ,ب,ت,ث,ج............).
- لا تزيد أحرف الاسم على سبعة استغفار .
- ولا أحـــرف الفعل على ستـــة أستغفر .
- ولا أحرف الحرف على خمســة لكنّ.

**تنقسم الكلمة إلى : اسم ، وفعل ، وحرف .**

1) <u>الاسم</u> : كلمة تدل على معنى في نفسها وليس الزمن جزءا منها،مثل:ـ
الخير، الزهد ، العمل.........الخ

<u>من علامات الاسم :</u>

●الجر ، مثل : " الحمد لله رب العالمين".
●التنوين ، مثل : <u>محمدٌ</u> رسول الله .
●النداء ، مثل : يا <u>غافلا</u> انتبه .
●التعريف بأل ، مثل : <u>الصدق</u> أفضل خلق .

2) <u>الفعل</u> : كلمة تدل على معنى في نفسها والزمن جزء منها، مثل :ـ
( وهب ، يكتب .......... ) ومن علامات الفعل :ـ

●كلمات لا تدخل إلا على الأفعال وحدها مثل :

( قد – السين – سوف – نواصب المضارع – جوازم المضارع ) مثل : قد أرحل .

●لواصق خلفية لا تلحق إلا بالأفعال دون غيرها ، مثل :

( تاء الفاعل – تاء التأنيث – ياء المخاطبة – نون التوكيد )مثل: لتجتهدنّ .

3) <u>الحرف</u> : كلمة لا تدل على معنى في نفسها وتنقسم الحروف ثلاثة أقسام :ـ

●حروف مشتركة ، أي تصلح للدخول على الأسماء وعلى الأفعال مثل :

( هل ، لا .... ) نقول : هل الخير موجود ؟ ـ هل كتب الولد الدرس ؟

●حروف مختصة بالأسماء فقط ، مثل :

حروف الجر ، وحروف النداء .......... ذهبت إلى المدرسة ، يا طالب العلم اجتهد .

●حروف مختصة بالأفعال فقط ، مثل : نواصب المضارع وجوازمه ،مثل:-

( لن يفلح الكاذب .......... لم يسع المهمل إلى النجاح ) .

# الإعراب والبناء

## أولا : الإعراب

هو تغير آخر الكلمة بتغير مواقعها فى الجملة وعلاقاتها فيها ، مثل :

1- جاء <u>طالبٌ</u> مجتهد . ( فاعل مرفوع ، وعلامة الرفع الضمة )
2- قابلت <u>طالبًا</u> مجتهدًا . ( مفعول به منصوب وعلامة النصب الفتحة )
3- سلمت على <u>طالبٍ</u> مجتهد. ( اسم مجرور وعلامة الجر الكـــــــــرة )
كلمة ( طالب ) تغير آخرها ؛بسبب تغير موقعها في الجملة .

## <u>حالات الإعراب :</u>

1- <u>الرفع</u> مشترك بين الأسماء والأفعال وعلامته الأصلية : الضمة .

2- <u>النصب</u> مشترك بين الأسماء والأفعال ، وعلامته الأصلية : الفتحة .

3- <u>الجر</u> مختص بالأسماء فقط ، وعلامته الأصلية : الكسرة .

4- <u>الجزم</u> مختص بالأفعال فقط ، وعلامته الأصلية : السكون .

## علامات الإعراب الأصلية :-

| النوع | الرفع | النصب | الجر | الجزم |
|---|---|---|---|---|
| المفرد | الضمة | الفتحة | الكسرة |  |
| جمع التكسير | الضمة | الفتحة | الكسرة |  |
| جمع المؤنث السالم | الضمة |  | الكسرة |  |
| الممنوع من الصرف | الضمة | الفتحة | الكسرة (في حالتي التعريف بأل والإضافة) |  |
| المضارع صحيح الآخر | الضمة | الفتحة |  | السكون |

## أما العلامات الفرعية للإعراب فتدخل على الأنواع التالية :-

| النوع | الرفع | النصب | الجر | الجزم |
|---|---|---|---|---|
| الأسماء الخمسة | الواو | الألف | الياء |  |
| المثنى | الألف | الياء | الياء |  |
| جمع المذكر السالم | الواو | الياء | الياء |  |
| جمع المؤنث السالم |  | الكسرة |  |  |
| الممنوع من الصرف |  | الفتحة ( مجرد من أل والإضافة) |  |  |
| الأفعال الخمسة | ثبوت النون | حذف النون | حذف النون |  |
| المضارع معتل الآخر |  |  |  | حذف حرف العلة |

# الأســـــــــماء الخمســـــة

**هذه الأسماء هي " أب ـ أخ ـ حم ـ ذو ـ فو ".**

**ملحوظة مهمة**

يطلق على هذه الأسماء أيضا "الأسماء الستة" بإضافة كلمة "هن " بمعنى شيء أي شيء , وبمعنى الشيء اليسير والتافه , وهي" كناية عما يستقبح ذكره ، أو هي كناية عن العورة في الرجل والمرأة".

**إعرابها :**

**1. ترفع بالواو** ، مثل :

جاء أخوك . ( أخوك : فاعل مرفوع وعلامة الرفع الواو . )

**2- تنصب بالألف** ، مثل :

إنّ ذا الأخلاق محبوب. ( ذا :اسم إنَّ منصوب وعلامة النصب الألف.)

**3- تجر بالياء** , مثل : سلمت على أبي بكر. ( أبي : اسم مجرور وعلامة الجر الياء . )

**شروط إعرابها :**

**أـ الشروط الخاصة**

**1- مع كلمة ( فم ) فلابد أن تخلو من ( الميم )** ، مثل : ينطق فوك بالحق .

( فوك : فاعل مرفوع وعلامة الرفع الواو لأنه من الأسماء الخمسة .

( فإذا لم تفارقها الميم ظهرت العلامات الإعرابية عليها ، مثل : رأيت فمًا جميلًا.

( فمًا : مفعول به منصوب وعلامة النصب الفتحة الظاهرة ).

**2- مع كلمة ( ذو ) فلابد أن تكون بمعنى ( صاحب )** ، مثل :

(ذو العلم خير من الجاهل. )

ذو : مبتدأ مرفوع وعلامة الرفع الواو لأنه من الأسماء الخمسة .

ـ قابلت ذا الرجل . ذا : اسم إشارة مبني في محل نصب مفعول به بمعنى هذا ).

**ب- الشروط العامة :**

**1- أن تكون الكلمة مفردة لا مثناة ، ولا مجموعة.**

ـ فإذا كانت مثناة أعربت إعراب المثنى, قال تعالى ﴿وَرَفَعَ أَبَوَيْهِ عَلَى الْعَرْشِ﴾[1]

ـ وإن كانت مجموعة أعربت إعراب الجمع

قال تعالى ﴿إِنَّمَا الْمُؤْمِنُونَ إِخْوَةٌ [2]﴾

" إخوة " خبر مرفوع وعلامة الرفع الضمة .

**2- أن تكون مضافة لغير ياء المتكلم** ، مثل :

ـ جاء أخوك : فاعل مرفوع وعلامة الرفع الواو لأنه من الأسماء الخمسة .

ـ جاء أخي : فاعل مرفوع وعلامة الرفع الضمة المقدرة .

**3- أن تكون مكبرة ، أي لم يدخلها ياء التصغير** ، مثل :

رأيت أخيِّك ، مفعول به منصوب وعلامة النصب الفتحة .

** فائــــــــدة

ورد إلى جوار هذا الأسلوب الإعرابي أسلوبان آخران فى إعراب هذه الكلمات :ـ

**الأسلوب الأول " لغة القصر "**

وهو أن تلزم هذه الكلمات الألف دائما، ومن ثم تقدر عليها علامات الإعراب، مثل:ـ

← "مكره **أخاك** لا بطل" أخاك : مبتدأ مؤخر مرفوع وعلامة رفعه الضمة المقدرة .

**قال الشاعر :** إنَّ أباهــــا وأبا **أباهــــا** قد بلغا فى المجد غاياتها

أباها :ـ مضاف إليه مجرور وعلامة الجر الكسرة المقدرة .

والذى يستعمل هذا الاستعمال ثلاث كلمات هى ( أب ـ أخ ـ حم ) .

**الأسلوب الثاني : " لغة النقص "**

وتعرب بالحركات ويكون استعمالها على حرفين فقط، فهي ناقصة عن ثلاثة أحرف .

مثل قول الشاعر :

**بأبه** اقتدى عديٌّ فى الكرم ومن يشابه **أبه** فما ظلم

بأبه : اسم مجرور وعلامة الجر الكسرة ، وضمير الغائب مضاف إليه مبنى على الكسر فى محل جر .

أبه : مفعول به منصوب وعلامة النصب الفتحة .

والذى يستعمل هذا الاستعمال ثلاث كلمات هي ( أب ـ أخ ـ حم ) .

**إعراب ( لا أباله ) :ـ**

أبا :ـ اسم لا النافية للجنس مبني على الألف على لغة القصر , أو اسم لا مبني على الفتح المقدر للتعذر , باعتبار هذه الألف أصلية من بنية الكلمة كالألف في كلمة هذا.

# الممنوع من الصرف

يقصد بالصرف التنوين ، والتنوين يقصد به :ـ

" نون ساكنة تلحق آخر الاسم لفظا لا خطا ، بمعنى أنها تنطق ولا تكتب " ،

مثل :ـ ( جاء محمدٌ ، قابلت طالبًا ـ سلمت على رجلٍ صادقٍ ).

ـ والممنوع من الصرف هو الممنوع من التنوين.

## أنواع الممنوع من الصرف

### 1ـ ما يمنع من الصرف لعلة واحدة

**أولا : الاسم المختوم بألف التأنيث الممدودة الزائدة** ، مثل :

( حمراء ـ حسناء ـ نجلاء ـ أصدقاء ـ علماء ) ولابد من شرطين :

أ) أن تكون الألف واردة بعد ثلاثة أحرف فصاعدًا ، فإن جاءت بعد اثنين صرفت الكلمة ، مثل (بناء ـ رداء ) .

ب) أن تكون زائدة فى الكلمة التى وردت فيها ،فمثلا:ـ

( حسناء ) أصلها (حسن ). فإن كانت أصلية أو منقلبة عن أصل صرفت الكلمة مثل ( أعداء ـ أسماء ـ أبناء ـ سماء ) . فمثلا (سماء) أصلها (سمو).

**ثانيًا : الاسم المختوم بألف التأنيث المقصورة** مثل :

( سعدى ، رضوى ، ذكرى ، جرحى ، ليلى ................ ) .

ويشترط أن تكون الألف زائدة , ( ذكرى أصلها ذكر ) , وإذا كانت الألف أصلية تصرف الكلمة , مثل ( مستشفى ) أصلها ( شفى ).

**ثالثًا : صيغة منتهى الجموع** :

* كل جمع وقع بعد ألف الجمع فيه حرفان أو ثلاثة أحرف أوسطها ساكن ، مثل : ( بصائر ـ مدارس ـ مساجد ) ( مناشير ـ تماثيل ـ مصابيح )

* فإن كان الحرف الأوسط متحركا صرفت الكلمة ، مثل :

( تلامذة ، عباقرة , جهابذة ,فلاسفة , أساتذة................ )

وسُمى بذلك لأنه لا يمكن جمعه بعد ذلك ، بخلاف ( رجال ) مثلا فإنه يمكن جمعه فيقال ( رجالات ) جمع الجمع . فهذا النوع من الجموع نهاية الجمع ولا جمع بعده . وأيضا لتفرده بأوزانه الخاصة التى لا يشاركه المفرد فيها.

### 2ـ ما يمنع من الصرف لعلتين

**أولا: العلم فى الحالات الآتية :**

1.المركب المزجي : ومعناه أن تمتزج كلمتان فتصير اكلمة واحدة ويكون الإعراب حينئذ على آخر الكلمتين الممزوجتين ، مثل :ـ

( نيويورك ـ حضر موت ـ بعلبك ـ معديكرب ـ بورسعيد ) .

نقول : ( زرتُ بعلبكَّ ) ( فى بعلبكَّ آثارٌ جميلة ) .

ويستثنى من ذلك أي علم ينتهي بـ ــــ ( ويه ) مثل : ( سيبويه ) .

**2ـ العلم الأعجمي** : بشرط أن يكون زائدًا على ثلاثة أحرف ، مثل :

( إبراهيم ـ إسماعيل ـ إسحاق ـ يعقوب ـ لندن ـ طهران ـ باريس ) .

وإذا كان ثلاثيا يصرف , مثل : ( قطز ).

<u>فائدة</u> : أسماء الأنبياء كلها ممنوعة من الصرف لهذه الصفة لكن يستثنى من

هذه الأسماء ستة فهي مصروفة وهي :

( محمد ـ صالح ـ شعيبـ هود ـ نوح ـ لوط) جمعت في كلمة (صن شمله ).

**3ـ العلم المؤنث** : بغير الألف الممدودة والمقصورة ، مثل :

( فاطمة ـ عائشة ـ معاوية ـ حمزة ) ( سعاد ـ زينب ـ سماح ) .

المؤنث الثلاثي ساكن الوسط الأعجمي ( حمص ـ كرك ـ بلخ ) .

<u>ملحوظة</u> إن كان المؤنث ثلاثيا ساكن الوسط ، وليس أعجميا جاز فيه أن

يصرف أو يمنع من الصرف ، مثل ( هند ـ مصر ـ دعد) ، مثل :-

قوله تعالى ﴿وَقَالَ ادْخُلُواْ مِصْرَ إِن شَاء اللَّهُ آمِنِينَ [3]﴾

ـ قال تعالى ﴿اهْبِطُواْ مِصْراً فَإِنَّ لَكُم مَّا سَأَلْتُمْ [4]﴾

**4ـ العلم على وزن الفعل :**

مثل : ( أحمد ـ أيمن ـ يزيد ـ تغلب ).

والمقصود بوزن الفعل أن تأتي أسماء الأعلام على وزن خاص بالأفعال ولا

يكون فى الأسماء ، كذلك أن تأتي أسماء الأعلام وفى أولها زيادة تكون فى الأفعال

عادة مثل حروف المضارعة :ـ ( الهمزة ـ النون ـ الياء ـ التاء ).

**5ـ العلم المختوم بألف ونون زائدتين، مثل :**

( سَلْمان ـ مروان ـ عثمان ـ لقمان .... )

ويقصد بالزيادة إذا جاءت الألف والنون بعد ثلاثة أحرف من الكلمة .

6ـ على وزن (فُعَل) ، مثل : ( عُمر ـ زُفر ـ مُضَر ـ هُبل ـ زُحل ..... )

<u>ثانيا: الصفة</u>

**1ـ على وزن ( فعلان ) مثل :**

( غضبان ـ ظمآن ـ جوعان ـ فرحان .......... )

وهى صفات آخرها ألف ونون زائدتان شريطة أن لا تقبل تاء التأنيث ، أما إذا

قبلت تاء التأنيث فإنها تصرف ، مثل : نَدْمان ، مؤنثها : ندمانة .

**2ـ على وزن ( أفعل ) مثل : أحسن ، أكرم ، أجمل ، أفضل .....**

**3ـ كلمة ( أُخَر )** ، مثل قوله تعالى: ﴿فَمَن كَانَ مِنكُم مَّرِيضًا أَوْ عَلَى سَفَرٍ فَعِدَّةٌ مِّنْ أَيَّامٍ أُخَرَ [5]﴾

**4ـ ما جاء على وزن ( فُعَال ومَفعل ) من الأعداد ( 1- 10 )**
( أُحاد ومَوحد ـ ثناء ومثنى ـ ثلاث ومثلث ـ رباع ومربع ...... )
مثل ( جاء القوم أُحَاد ... ) أي جاءوا واحدًا واحدًا .


**( إعراب الممنوع من الصرف )**
1-يرفع بالضمة,مثل :
أقبل يوسفُ ضاحكا. ( فاعل مرفوع وعلامة الرفع الضمة).
2-ينصب بالفتحة ، مثل : قابلت عمرَ .
3-يجر بالفتحة ,مثل : تعلمت في مدارسَ عظيمة .
ويجر بالكسرة فى حالتين :
1- أن يضاف ,مثل : ـ تعلمت فى مدارسِ القرية.
( اسم مجرور وعلامة الجر الكسرة " مضاف " ).
2- أن تتصل به الألف واللام ،مثل :ــتعلمت فى المدارسِ الحكومية.
( اسم مجرور وعلامة الجر الكسرة "اتصلت به الألف واللام" ) .
**فائـــدة :قد ينون الممنوع من الصرف فى حالتين :**

1.**في النثر** : لإرادة التناسب مع الكلمات السابقة ، قال تعالى ﴿ إِنَّا أَعْتَدْنَا لِلْكَافِرِينَ سَلَاسِلَا وَأَغْلَالًا وَسَعِيرًا [6]﴾فقد قُرئت الآية ﴿إِنَّا أَعْتَدْنَا لِلْكَافِرِينَ سَلَاسِلَا وَأَغْلَالًا وَسَعِيرًا﴾
2.**فى الشعر** : للضرورة أى ضرورة الوزن والقافية مثل :

( ويوم دخلت الخدر خِدْر عُنيزةٍ ......... ) .

# ( المثنى وما يلحق به )

المثنى هو " كل اسم دل على اثنين أو اثنتين وأغنى من المتعاطفين بزيادة ألف ونون مكسورة أو ياء ونون مكسورة فى آخرة " . مثل : كتابان ـ مدرستان .

**إعرابه** : يرفع بالألف وينصب ويجر بالياء ، مثل :

ـ حضر الطالبان الندوة . ( فاعل مرفوع وعلامة الرفع الألف )

ـ قال تعالى: ﴿وَمِنْهُم مَّن يَمْشِي عَلَى رِجْلَيْنِ[7]﴾ ( اسم مجرور وعلامة الجر الياء )

وتحذف النون عند الإضافة,مثل : حضر الندوة طالبا علم .

**●شروط تثنية الكلمة**

1.أن يكون الاسم مفردًا .

2.أن يكون معربًا .

3.ألا يكون مركبا،مثل(معد يكرب ـ جاد الرب ـ عبد الله) فهذه الأسماء لا تثنى مباشرة ، لكن تثنى بطريقة غير مباشرة ، مثل :

أـ المركب المزجى والإسنادى تسبقهما كلمة ( ذوا ) أو ( ذواتا )

◄─── ( معد يكرب ـ جاد الرب ) ( ذوا معد يكرب ـ ذوا جاد الرب )

◄─── بـ المركب الإضافي تثنى الكلمة الأولى منه ( عبد الله ) عبدا الله .

1.أن يكون المفرد الذى يثنى له نظير مماثل ، فلا يثنى الشيء المفرد مثل(الله)

2.أن يكون نكرة .

**●الملحق بالمثنى**

" كلمات تعرف إعراب المثنى لكنها لم تستوف شروطه " وهي :

أـ ( **اثنان ـ اثنتان** ) : ليس لهما مفرد من لفظهما ، مثل : قوله تعالى ﴿فَانفَجَرَتْ مِنْهُ اثْنَتَا عَشْرَةَ عَيْناً ﴾

اثنتا : فاعل مرفوع وعلامة الرفع الألف لأنه ملحق بالمثنى وحذفت النون للإضافة .

ـ سافر رجلان اثنان . ( نعت مرفوع وعلامة الرفع الألف لأنه ملحق بالمثنى ) .

ب ـ ( **كلا ـ كلتا** ) هاتان الكلمتان لا مفرد لهما ، مثل :

( سافر الرجلان <u>كلاهما</u> ) .

<u>كلاهما</u> : توكيد معنوى مرفوع وعلامة الرفع الألف لأنه ملحق بالمثنى.

ويشترط في إعرابهما إعراب المثنى أن يضافا إلى ضمير ، فإذا أضيف أي من هاتين الكلمتين إلى الاسم الظاهر لزم الألف دائمًا ، وأعرب بحركات مقدرة عليها مثل :-

( نجح كلا الطالبين ) ـ كلا : فاعل مرفوع وعلامة الرفع الضمة المقدرة .

أمثلـــــة : ـ الطالبان <u>كلاهما</u> مجتهدان .

<u>كلاهما</u> : توكيد معنوى مرفوع وعلامة الرفع الألف لأنه ملحق بالمثنى .

ـ الطالبان <u>كلاهما</u> مجتهد .

<u>كلاهما</u> : مبتدأ ثان مرفوع وعلامة الرفع الألف لأنه ملحق بالمثنى .

**** <u>يجوز أن نقول</u>** :

( كلا الطالبين متفوق ) . أو ( كلا الطالبين متفوقان ) .

ج ـ ( **هذان ـ هاتان ـ اللذان ـ اللتان** )

ومفرداتها ( هذا ـ هاته ـ الذى ـ التى )

وهى أسماء مبنية لذلك تلحق بالمثنى ؛ لأنها فقدت شرط الإعراب , مثل :-

( قابلت اللَّذَيْن تفوقا ... ) اللذين : مفعول به منصوب وعلامة النصب الياء لأنه ملحق بالمثنى.

# جمع المذكر السالم وما يلحق به

**جمع المذكر السالم:-**

هو" ما دل على أكثر من اثنين بزيادة واو ونون فى حالة الرفع وياء ونون فى حالتي النصب والجر" مثل ( متفوقون – صالحون – مسافرين ).

وتحذف النون عند الإضافة , مثل : جاء مدرسو المدرسة .

**شروط جمع الكلمة جمع المذكر سالما :**

**أولًا : العلم :** لابد أن يكون لمذكر عاقل خال من تاء التأنيث ، مثل :

( أحمد – عمر – علي ) ولايصح (معاوية – سعاد – زينب ) .

**ثانيًا : الوصف :** ما دل على ذات وصفة ، وذلك بالتحديد ( اسم الفاعل – اسم المفعول – الصفة المشبهة – اسم التفضيل – صيغ المبالغة ) ,مثل :

( كاتب – مظلوم – فرح ............. )

ولابد أن يكون لمذكر عاقل خالٍ من التاء وليس على وزن أفعل فعلاء ولا فعلان فعلى , مثل:- ( متفوق – أحسن – وهاب ..... )

أما الكلمات ( أخضر خضراء – عطشان عطشى – علامة ........ ) فلا يصح جمعها.

ولا يكون مما يستوي فيه المذكر والمؤنث , ولا مما يختص بالمؤنث , مثل :

( أرمل – جريح – مرضع – حامل ........)

**الملحق بجمع المذكر السالم**

كلمات تعرب إعرابه لكنها لم تستوف الشروط اللازمة ، مثل :

1- أولو بمعنى أصحاب،قال تعالى :

﴿إِنَّ فِي ذَلِكَ لَذِكْرَى لِأُوْلِي الْأَلْبَابِ﴾ [8].

2- عالمون اسم جمع لعالم ،قال تعالى :﴿ الْحَمْدُ لِلَّهِ رَبِّ الْعَالَمِينَ﴾ [9].

العالمين : مضاف إليه مجرور وعلامة الجر الياء لأنه ملحق بجمع المذكر السالم .

3- ألفاظ العقود (عشرون ، ثلاثون .... ، تسعون ) ,مثل :

قرأت خمسة وعشرين كتابا . ( معطوف منصوب وعلامة النصب الياء )

4- بنون جمع ابن ، قال تعالى ﴿ الْمَالُ وَالْبَنُونَ زِينَةُ الْحَيَاةِ الدُّنْيَا﴾ [10].

5- أَرَضُون جمع أرض ، قال ﷺ :ـ
" من ظلم قيد شبر من الأرض طِّوقهُ من سبع أرضين " .

6- سنون جمع سنة ، مرت السنون سريعًا .

7- وابلون جمع لكلمة ( وابل ) وهو المطر الخفيف .

8- ذوو جمع ( ذو ) بمعنى أصحاب ، مثل :
إن ذوى الأخلاق محبوبون . ( ذوي : اسم إنّ منصوب وعلامة النصب الياء ) .

9-أهلون وما المال والأهلون إلا ودائع .

## فائــــــدة

(1) ورد فى إعراب جمع المذكر السالم شكل آخر يلزم المذكر الياء دائما ويأتي على النون فى آخره بالإعراب الأصلي : بالضمة رفعا وبالفتحة نصبا وبالكسرة جرا ، مثل : رُوي عن الرسول ﷺ فى دعائه عن قريش ( اللهم اجعلها عليهم سنينًا كسنين يوسف ) .

ـ سنينًا منصوبة وعلامة النصب الفتحة .

ـ كسنين : الكاف حرف جر و ( سنين ) اسم مجرور وعلامة الجر الكسرة

(2) يلحق بجمع المذكر السالم أيضا ما يطلق عليه باب ( سنين ) ، أو باب( سنة ) وهو : كل اسم ثلاثي حذفت لامه وعوض عنها هاء التأنيث ولم يجمع جمع تكسير . مثل : " عضة ، وعضين ، عزة وعزين .......... " .

قال تعالى ﴿الَّذِينَ جَعَلُوا الْقُرْآنَ عِضِينَ [11]﴾ .

(3) يلحق به أيضًا كلمة " عِلِّيُون " جمع عِلِّي على وزن فعيل وهي اسم مكان فى أعلى الجنة ، قال تعالى ﴿كَلَّا إِنَّ كِتَابَ الْأَبْرَارِ لَفِي عِلِّيِّينَ [12]﴾ .

# جمع المؤنث السالم وما يلحق به

هو"ما دل على أكثر من اثنتين بزيادة ألف وتاء فى آخره"، مثل : هندات ، فاطمات ،حمراوات .

**فائــــــــدة :**

**1)** **يرى بعض النحاة أن الأدق إطلاق اسم " ما جمع بألف وتاء زائدتين فى آخره " على هذا الجمع** بدلا من جمع المؤنث السالم؛ لأن مفرده ليس دائما مؤنثا ، مثل: ( مطار ) مطارات ، طلحة ( طلحات) واجب ( واجبات ) .

**2)** **لابد أن تكون الألف والتاء زائدتين على المفرد** ، فمثلا الكلمات الآتية :_
( أبيات ـ أصوات ـ أموات ) جمع تكسير لأن التاء أصلية .

**** إعرابــــــــه :**

يرفع بالضمة وينصب بالكسرة ويجر بالكسرة .

1.<u>المؤمنات</u> أولات أخلاق .

المؤمنات :ـ مبتدأ مرفوع وعلامة الرفع الضمة .

1.قال تعالى﴿وَلاَ تَتَّبِعُواْ <u>خُطُوَاتِ</u> الشَّيْطَانِ﴾ [13]

خطوات :مفعول به منصوب وعلامة النصب الكسرة .

**** <u>ما يجمع هذا الجمع من المفردات</u> :**

1.ما كان فى آخرة تاء التأنيث ، مثل ( فاطمة ـ معاوية ـ مسلمة ).
2.ما كان فى آخرة ألف التأنيث مطلقا ، سواء أكانت مقصورة أم ممدودة ، مثل:ـ (ليلى ، سلمى ) , (صحراء ، خضراء ) .
3.المؤنث المعنوى ، مثل ( سعاد ، هند ، زينب ) .
4.اسم جنس لغير العاقل مثل ( واجب ، مطار ، حمام ) .

*** <u>الملحق بجمع المؤنث السالم</u> :**
كلمات تعرب إعرابه ، لكنها لم تستوف شروطه :

1.**أولات** : بمعنى ( صاحبات ) نقول : نحترم أولات الأخلاق .

أولات :ـ مفعول به منصوب و علامة النصب الكسرة لأنه ملحق بجمع المؤنث السالم .

(2) **ما سُمى به من هذا الجمع** : اللفظ جمع مؤنث سالم لكنه يدل على مفرد مثل :ـ ( عرفات ـ أذرعات ـ عطيات ـ عنايات ............) .

نقول ( ما زال عرفات فى المدرسة ) . عرفات : اسم ما زال مرفوع و علامة الرفع الضمة لأنه ملحق بجمع المؤنث السالم .

ـ تفوقت حسنات في الامتحان .

( حسنات : فاعل مرفوع و علامة الرفع الضمة لأنه ملحق بجمع المؤنث السالم ) .

ـ في الصلاة حسنات كثيرة .

( حسنات : مبتدأ مؤخر مرفوع و علامة الرفع الضمة لأنه جمع مؤنث سالم ) .

# الأفعـــــــال الخمســـــــة

" كل فعل مضارع اتصل به ألف الاثنين أو واو الجماعة أو ياء المخاطبة . " مثل :

1ـ الطالبان يفهمان الواجب جيدا . ( ألف الاثنين مع الغائب )

2ـ أنتما تفهمان الواجب جيدا . ( ألف الاثنين مع المخاطب )

3ـ الطلاب يفهمون الواجب جيدا . ( واو الجماعة مع الغائب )

4ـ أنتم تفهمون الواجب جيدا . ( واو الجماعة مع المخاطب )

5ـ أنت تفهمين واجبك جيدا . ( ياء المخاطبة )

**** إعرابها :**

أـ ترفع بثبوت النون ، مثل : الأصدقاء يخلصون العمل .

يخلصون :ـ فعل مضارع مرفوع و علامة الرفع ثبوت النون لأنه من الأفعال الخمسة .

بـ تنصب وتجزم بحذف النون ، مثل قوله تعالى :ـ

﴿وَالَّذِينَ آمَنُوا بِاللَّهِ وَرُسُلِهِ وَلَمْ يُفَرِّقُوا بَيْنَ أَحَدٍ مِّنْهُمْ [14]﴾

يفرقوا : فعل مضارع مجزوم و علامة الجزم حذف النون لأنه من الأفعال الخمسة، واو الجماعة ضمير مبنى فى محل رفع فاعل .

ـ الجنود لن يخونوا الوطن .

يخونوا :ـ فعل مضارع منصوب و علامة النصب حذف النون لأنه من الأفعال الخمسة.

# المضارع المعتل الآخر

" المعتل من الأفعال هو ما كان فى آخره واو قبلها ضمة نحو( يغزو ) ، أو ياء قبلها كسرة نحو ( يرمى ) أو ألف قبلها فتحة نحو ( يخشى )".

**___ ** إعرابــــه :**

1. **فى حالة الرفع** يرفع بالضمة المقدرة ، مثل ( يتقى المؤمن ربه ).

يتقي :- فعل مضارع مرفوع وعلامة الرفع الضمة المقدرة .

1. **فى حالة الجزم** يجزم بحذف حرف العلة، مثل( لم ينس الرجل واجبه ).

ينس :- فعل مضارع مجزوم وعلامة الجزم حذف حرف العلة .

3- **فى حالة النصب :**

أ) ينصب بالفتحة المقدرة مع الألف ، مثل ( لن يسعى المهمل إلى النجاح ).

يسعى :- فعل مضارع منصوب وعلامة النصب الفتحة المقدرة .

ب) ينصب بالفتحة الظاهرة مع الياء أو الواو ، مثل :

( لن يدعو المؤمن إلى الشر ).

يدعو :- فعل مضارع منصوب وعلامة النصب الفتحة الظاهرة .

# الإعراب الظاهر والمقدر

* **الإعراب الظاهر** :هو ما كانت له علامة ظاهرة من علامات الإعراب سواء أكانت أصلية أم فرعية ،مثل:ـ ( حفظ الرجلُ المعروفَ ).

* **الإعراب المقدر** : هو ما لم تكن له علامة ظاهرة فى الكلام ، وإنما علامته مقدرة إذ يتخيل له علامة للرفع أو للنصب أو الجر ، مثل :ـ

( أنت <u>الأعلى</u> بأخلاقك ) . الأعلى : خبر مرفوع وعلامة الرفع الضمة المقدرة

مع ملاحظة أن الذى يقدر من علامات الإعراب إنما هو العلامات الأصلية فقط:

( الضمة ـ الفتحة ـ الكسرة ) ولا تقدر العلامات الفرعية .

* <u>**الأفعال التى يقدر عليها الإعراب**</u>

الإعراب المقدر يكون فى الفعل المضارع المعتل الآخر :

1.فى حالة الرفع مع كل أنواعه .

2.فى حالة النصب مع المعتل بالألف فقط .

* <u>**الأسماء التى يقدر عليها الإعراب :**</u>

1ـ <u>**المقصور**</u> " وهو الاسم المعرب الذى آخره ألف لازمة قبلها فتحة " . مثل :ـ

سافر <u>مصطفى</u> إلى القاهرة.

مصطفى :ـ فاعل مرفوع وعلامة الرفع الضمة المقدرة .

2ـ <u>**المنقوص**</u> : وهو الاسم المعرب الذى آخره ياء لازمة قبلها كسرة . مثل :ـ

ـــ جاء <u>القاضى</u> العادل .

القاضي :ـ فاعل مرفوع وعلامة الضمة المقدرة.

ـــ سلمت على <u>القاضى</u> العادل.

القاضي :ـ اسم مجرور وعلامة الجر الكسرة المقدرة .

وذلك فى حالتى الرفع والجر ، وتظهر العلامة فى حالة النصب .

نقول : رأيت <u>القاضى</u> العادل .

القاضي :ـ مفعول به منصوب وعلامة النصب الفتحة الظاهرة .

3ـ <u>**المضاف لياء المتكلم**</u> : وهو الاسم المعرب الذى كمل معناه بإضافة ياء المتكلم إليه ،مثل:ـ ( بلادي وإن جارت على عزيزة .......... )

بِلادي : مبتدأ مرفوع وعلامة الرفع الضمة المقدرة ، وياء المتكلم ضمير مبني فى محل جر مضاف إليه .

**فـــــــــائـــــــــــــــــدة**

**معنى المصطلحات النحوية ( التعذر ، الثقل ـ المناسبة )**

1. **التعذر** : هو استحالة ظهور الحركة على حرف العلة، حيث يتعذر على اللسان أن تظهر الحركة عليه ، ويكون ذلك مع الاسم المقصور ، مثل:

( عصا ، الهدى، صغرى .......... ).

1. **الثقل** : هو صعوبة ظهور الحركة على حرف العلة ، حيث يثقل على اللسان أن تظهر الحركة عليه ، وإن كان يستطيع ذلك مع مشقة ، ويكون ذلك مع الاسم المنقوص في حالتي الرفع والجر ، مثل :( القاضيُ ، القاضيِ ).

1. **المناسبة** : وجود حركة لازمة فى آخر الاسم المعرب لمناسبة اسم آخر متصل به ويكون ذلك فى المضاف لياء المتكلم ، لأن الياء تقتضى كسر آخر الاسم المضاف دائمًا ، مثل :( مدرستي ) فلا تستطيع الإتيان معها بحركات الإعراب الأخرى .

# ثانيا: البنـــــــاء

هو " لزوم آخر الكلمة حالة واحدة لا تتغير بتغير العوامل الداخلة عليها" ، مثل :

1- جاء الذي تفوق . اسم موصول مبني في محل رفع فاعل.

2- قابلت الذي تفوق. اسم موصول مبني في محل نصب مفعول به .

3- سلمت على الذي تفوق. اسم موصول مبني في محل جر اسم مجرور.

كلمة ( الذي ) لم يتغير آخرها برغم تغير موقعها الإعرابي في الجمل السابقة .

**** من المبني من الكلمات في العربية:-**

**1- جمع الحروف.**

**2- الفعل الماضى.**

**3- الفعل الأمر .**

**4- الفعل المضارع في حالتين :**

أ) إذا اتصلت به نون النسوة .

ب) إذا اتصلت به نون التوكيد اتصالا مباشرا .

**5- الأسماء الآتية :**

**أ- الضمائر.**

**ب- أسماء الإشارة ، ما عدا ( ذان ) و ( تان ) للمثنى .**

**ج- الأسماء الموصولة ، ما عدا ( اللذان ) ( اللتان ) للمثنى .**

**د- أسماء الشرط والاستفهام ما عدا ( أي ) .**

**هـ - أسماء الأفعال والأصوات .**

**و - الأعلام المختومة بـ ( ويه ) ، مثل سيبويه .**

**ز - بعض الظروف ، مثل الآن ، أمس ، حيث.**

**هـ - بعض المركبات .**

# النكرة والمعرفة

### أولا النكرة :

" عبارة عما شاع فى جنس موجود أو مقدر " أى أن يكون اللفظ مما يندرج تحته أفراد كثيرون لا يختص به واحد دون آخر ، فمثلا كلمة " وطن " تطلق على أوطان كثيرة مختلفة لذلك فهي نكرة بإعتبار اللفظ.

### علامات النكرة :

(1) أن تقبل " الـ " مثل :ـ وطن الوطن.

(2) أن يدل على مايقبل " الـ " ، مثل : تفوق ذو عقل ، فإن كلمة " ذو " نكرة ، لأنها وقعت موقع " صاحب " وكلمة صاحب تقبل التعريف بـ " الـ " .

(3) أن تقبل الكلمة حرف الجر "رُبَّ " .

فإن كلمة " رُب " لا تدخل إلى على النكرات ، مثل "رُبَّ ضارة نافعة " .

### ثانيا المعرفة :

هى " الاسم الذى وضع ليستعمل فى معين " . وأسماء المعرفة التى وردت فى اللغة ستة هي :

1.الضمير

1.ـ العلم

3ـ الإشارة

4ـالموصول

5ـالمعرف بأداة التعريف (أل )

6ـ ما أضيف لواحد مما سبق

وسوف نتناول هذه الأنواع بالشرح بالتفصيل.

# (1) الضميــــــــــــــــــــــــــر

"ما دل على مُتكَّلم أو مخاطب أو غائب ، مثل " أنا ـ أنت ـ هو " .

**أنواعـــــــــه :**

**أولا : الضمير المستتر**

وهو ماليس له صورة فى اللفظ : مثل ( نكتب الدرس ) .

نكتب : فعل مضارع مرفوع وعلامة الرفع الضمة ، والفاعل ضمير مستتر تقديره "نحن".

**وينقسم قسمين :**

أـ **المستتر جوازا** : يمكن أن ينطق فى موضعه اسم ظاهر بغير صعوبة فى النطق مثل :ـ ( محمد يفهم الدرس ) الفاعل ضمير مستتر جوازا تقديره ( هو ) .

ب ـ **المستتر وجوبا** : إذا امتنع أن يحل محله الاسم الظاهر.

ومن مواضع الضمير المستتر وجوبا :

1.فى فعل الأمر للمخاطب المفرد المذكر ، مثل : اذكر الله والتقدير ( أنت ) .

2.فى الفعل المضارع المبدوء بالهمزة ، مثل : أفهم الدرس والتقدير ( أنا ) .

3.فى الفعل المضارع المبدوء بالنون ، مثل : نعمل الواجب والتقدير ( نحن )

4.فى الفعل المضارع المبدوء بالتاء المسند إلى المخاطب المفرد المذكر ، مثل : تجلس، والتقدير (أنت ) .

5.صيغة التعجب " ما أفعله " ، مثل : ما أفضل الصدق.

أفضل : فعل ماض مبنى على الفتح والفاعل ضمير مستتر وجوبا تقديره ( هو ) .

1.فاعل ( خلا ـ عدا ـ حاشا )إذ تأتى أفعالا فى الاستثناء مثل :

(حفظت القصيدة ما خلا بيتا ) .

## ثانيا : الضمير البارز

وهو ماله صورة فى اللفظ ، مثل : ( كتبتُ الدرس ) .

تاء الفاعل : ضمير مبنى على الضم فى محل رفع فاعل .

**وينقسم قسمين :**

### أ‌- البارز المتصل :

وهو مالا يستقل بنفسه نطقا ، وإنما لابد أن يتصل بغيره فعلا أم اسما أم حرفًا، مثل :- " إنه ناجح والدولة تقدره التقدير كله " .

والضمير المتصل لا يُبتدأ به ولا يقع بعد الحرف " إلا " ويكون فى موضع رفع ونصب وجر.

### ب‌- الضمير البارز المنفصل :

ما يمكن أن يستقل بنفسه نطقا ولا يحتاج إلى كلمة أخرى يتصل بها ، ويمكن الابتداء به ، ويقع بعد الحرف " إلا " ، مثل :

( ما هو إلا إله واحد ولا نعبد إلا إياه ) .

والضمائر المنفصلة محصورة الألفاظ فى مجموعتين :

المجموعة الأولى : ضمائر الرفع

( أنا ـ نحن ـ أنت ـ أنتِ ـ أنتما ـ أنتم ـ أنتن ـ هو ـ هي ـ هما ـ هم ـ هنّ ) . مثل : هو كريم . ( هو : ضمير مبني في محل رفع مبتدأ ).

المجموعة الثانية : ضمائر النصب

( إياي ـ إيانا ـ إياك ـ إياكِ ـ إياكما ـ إياكم ـ إياكن ـ إياه ـ إياها ـ إياهما ـ إياهم ـ إياهن) .

مثل : إياك الكسل . (ضمير مبني في محل نصب مفعول به )

أما الضمائر المتصلة تكون في محل :

1.رفع [ تاء الفاعل ـ ياء المخاطبة ـ ألف الاثنين ـ واو الجماعة ـ نون النسوة ].

مثل : كتبت الدرس . ( تاء الفاعل ضمير مبني في محل رفع فاعل ).

1.رفع أو نصب أو جر [ نا ] المتكلمين .

مثل : ـ ذهبنا إلى المدرسة . ( في محل رفع فاعل ).

ـ ظلمنا الرجل . ( في محل نصب مفعول به ).

1.نصب أو جر [ ياء المتكلم ـ كاف الخطاب المفرد ـ هاء الغائب ] .

مثـــل : ( هو كريم والله يجزيه خيرا )

يجزيه : الهاء ضمير مبنى فى محل نصب مفعول به .

ـ مدرستي جميلة . ( ياء المتكلم في محل جر مضاف إليه ) .

فائـــــــــــــدة

يجب كسر ما قبل ياء المتكلم ، ولذلك إذا اتصل بالفعل ياء المتكلم وجب أن تلحقه نون تسمى "نون الوقاية" لأنها تقى الفعل من الكسر ,مثل :

( أكرمنى ـ يكرمني .... )

أكرمني : أكرم : فعل ماض مبنى على الفتح .والفاعل ضمير مستتر تقديره " هو " .وياء المتكلم ضمير مبنى فى محل نصب مفعول به والنون للوقاية .

# ثانيا العلـــــــم

"هو اسم وضع للدلالة على شيء بعينه لا يشترك معه غيره ، فهو يعين مسماه تعيينا مطلقا ، بحيث لا يقبل فيه اشتراكا ولا تقسيما .ولا يُحتاج فى هذا التعيين إلى شيء آخر غير اللفظ نفسه. مثل :ـ ( محمدٌ ، فاطمة ، القاهرة ) .

وللعلم تقسيمات متعدد ، أهما :

<u>أولا : تقسيمه بحسب الوضع</u> :

1. <u>علم مرتجل</u> : وهو كلمة وضعت للدلالة على شخص وشيء بذاته من أول الأمر ولم يسبق استخدامها فى التراكيب اللغوية قبل استعمالها علما ، مثل :

( سعاد ، مصر ، مكة ، زينب ) .

1. <u>علم منقول</u> : وهو كلمة استعملت فى اللغة للدلالة على شيء ما ثم استعيرت للدلالة على شيء بذاته وقد يكون منقولا عن :

أـ المصدر مثل ( سعد ، عمرو ) .

بـ اسم الفاعل ، مثل ( عائشة ، حاتم ، مالك ، مؤمن ............ ) .

جـ اسم المفعول ، مثل ( محمود ، محفوظ ، محمد ، ............ ) .

دـ الصفة المشبهة ، مثل ( حسن ، وجيه ، سميحة ، ............... ) .

هـ صيغة المبالغة ، مثل ( علاّم ، بسّام ، ............ )

وـ الفعل ، مثل ( أحمد ، يزيد ، تغلب ............... )

ز ـ الجملة ، مثل ( جاد الرب ، جاد المولى ، فتح الله ، تأبط شرًا ......... )

<u>ثانيا: تقسيمه بحسب المعنى</u> :

1. <u>الاسم</u> : وهو ما يستخدم للدلالة على مُسَّماه دون أن يكون مبدوءا بأب ولا بأم أو دالا على مدح أو ذم ، مثل : أحمد ، فاطمة ، ............. .

2. <u>الكُنية</u> : وهو ما كان مُصدّرا بلفظ ( أب ) أو لفظ ( أم ) أو ( ابن ) أو ( بنت ) أو ( أخ ) أو ( أخت ) أو (عم ـ عمة ـ خال ـ خالة) مثل :ـ أبو بكر ، أم كلثوم ، ابن خلدون ، أبو الفارس ، بنت الشاطئ ، أخو قيس , أخت الأنصار .

3. <u>اللقب</u> : هو ما يستخدم للدلالة على المدح أو الذم ، وليس مبدوءا بأب ولا

بأم مثل :ـ ( الفاروق ، الصديق ، سيف الإسلام ، زين العابدين ) .

**فائـــــدة :**

**الترتيب بينها عند اجتماعها :ـ**

(أ)إذا اجتمع الاسم مع اللقب مثل ( عمر الفاروق ) فالأفصح والأشهر تقديم الاسم على اللقب.

(ب)إذا اجتمع الاسم مع الكنية جاز تقدير الكنية على الاسم ، وجاز تقديم الاسم وتأخير الكنية ، مثل ( أبو حفص عمر ) أو ( عمر أبو حفص ) .

(ج)إذا اجتمع اللقب مع الكنية جاز أيضا تقدير الكنية على اللقب، مثل: أبو عبد الله الفاروق ، وجاز تقديم اللقب على الكنية مثل : الفاروق أبو عبد الله .

**ثالثًا . تقسيمه بحسب الصيغة :**

1.**مفرد** : مثل : عمر ، سعاد ، محمد.

2.**مركب** : وهو أنواع ثلاثة :

أ ـ مركب إضافي ، مثل : عبد الله ، ناصر الحق ، دار العلوم .

ب ـ مركب مزجي ، مثل : بعلبك ، حضرموت ، وهو ممنوع من الصرف.

أما إذا كان مختومًا بـ ( ويه ) ، مثل : سيبويه فإنه يبنى على الكسر

ج ـ مركب إسنادي ، وهو ما كان جملة في الأصل ، مثل : جاد الحق ، تأبط شرا

**إعراب العلم**

1ـ العلم المركب تركيبا إسناديا ,مثل :ـ "فتح الله"يعرب حسب موقعه بحركات مقدرة .

نقول :ـ قابلت فتح الله . ( مفعول به منصوب وعلامة النصب الفتحة المقدرة على آخره للحكاية ) ويقصد بالحكاية :ـ " أن نردد اللفظ بحالته الأصلية من غير أن نغير شيئا من حروفه أو حركاته".

2ـ العلم المركب تركيبا مزجيا يعرب إعراب الممنوع من الصرف ,مثل :ـ سافرت إلى بعلبك . (بعلبك اسم مجرور وعلامة الجر الفتحة).

وإذا كان تركيبه مزجيا مختوما بكلمة (ويه) مثل :( سيبويه ) يعرب حسب موقعه ويكون مبنيا على الكسر , مثل :ـ ( سيبويه عالم عظيم ) مبتدأ مبني على الكسر في محل رفع .

# ثالثا : أسمـــــاء الإشــــــــارة

( كل اسم دل على مُسمًّى وإشارة إلى ذلك المسمًّى ) .

**أسماء الإشارة :**

أ) **المفرد المذكر** : ورد له لفظ واحد هو ( ذا ) ويستعمل منه :

( هذا ــ ذاك ــ ذلك ) .

ب) **المفرد المؤنث** : ويستعمل له ( ذه ــ ذى ــ ته ) ويستعمل منها:

( هذه ــ هذى ( هاته ــ تلك ) .

ج) **المثنى المذكر** : ورد له لفظ واحد ( ذان ) ويستعمل منه ( هذان ــ ذانك ) .

د) **المثنى المؤنث**: (تان ) ويستعمل منه (هاتان ـ تانك).

د) **جمع الذكور والإناث** : ورد لفظ واحد ( أولاء ) ويستعمل منه ( هؤلاء ــ أولئك ) .

ط) **الإشارة للمكان** : ( هنا ــ هاهنا ) للمكان القريب.( هناك ــ هنالك ــ ثمة ) للمكان البعيد.مثل:ـ ( هنا القاهرة ) .

هنا : اسم إشارة للمكان ، ظرف مبنى على السكون فى محل نصب. وشبة الجملة خبر مقدم .

القاهرة : مبتدأ مؤخر مرفوع وعلامة الرفع الضمة .

**الحروف التي تأتي مع أسماء الإشارة**

* **ها التنبيه**: تأتي سابقة أسماء الإشارة ،حرف تنبيه غالبا لا تكتب ألفها,مثل:

(هذا ، هذه ، ......... )

* **كاف الخطاب** : وتلحق آخر أسماء الإشارة للدلالة على البعد:

( ذاك ، أولئك ............. )

* **لام البعد** : وتتوسط بين أسماء الإشارة وكاف الخطاب للدلالة على البعد ، وتأتي مع أسماء الإشارة المفردة فقط بشرط تجردها من حرف التنبيه ( ها ) مثل( ذلك ــ تلك ) .

**فائــــــــدة :**

1ـأسماء الإشارة كلها مبنية في محل رفع أو نصب أو جر ماعدا ( هاتان و هذان ) فإنهما يعربان إعراب المثنى, مثل:

ـ هذا يوم عظيم : اسم إشارة مبني في محل رفع مبتدأ.

ـهذان رجلان عظيمان : مبتدأ مرفوع وعلامة رفعه الألف .

2ـحرف الخطاب ( الكاف وما تفرع عنها يراعى فى لفظها المخاطب ــ مفردا أو مثنى أو جمعًا، مذكرا أو مؤنثا ، مثل : ( أولئك ــ أولئِكم ــ ذلكما ............. ).

33

# رابعًا: أسماء الموصول

"كل اسم افتقر إلى صلة وعائد".

<u>أسماء الموصول</u>

1- المفرد المذكر ( الذى )

2- المفرد المؤنث ( التى )

3- المثنى المذكر ( اللذان – اللذين )

4- المثنى المؤنث ( اللتان – اللتين )

5- الجمع المذكر ( الذين – الألى )

6- الجمع المؤنث ( اللاتي – اللائي )

وقد يستعملان بغير الياء الأخيرة : ( اللاتِ – اللاءِ ) .

[ **أسماء الموصول المشتركة العامة** ]

وهى ما ورد صالحًا للاستعمال فى الحالات المختلفة " المفرد والمثنى والجمع ، المذكر والمؤنث " حيث يتحدد المقصود منه من سياق الكلام " وهي :

أ- ( من – ما – أي ) بدون شروط .

ب- ( ذا – ذو – ال ) بشروط خاصة .

**أمثلـــــة :**

(1) [ **من** ] تستخدم فى الأصل للعاقل ، وقد تستخدم لغير العاقل ، مثل :
قابلت مَن زارني اليوم ، اسم موصول مبنى على السكون فى محل نصب مفعول به .

(2) [ **ما** ] الأصل فيها أن تكون لغير العاقل ، مثل :
يجب أن تدرك ما تقول ، ما : اسم موصول مبنى فى محل نصب مفعول به.

(3) ( أي ) تستعمل للعاقل وغيره.

**ملحوظة مهمة :** الأسماء الموصولة كلها مبنية ، أما كلمة ( أي ) فإنها معربة ، مثل :( يرضيني أي هو مؤدٍّ واجبه ) .

وتبنى ( أي ) فى حالة واحدة ، هي : إذا أضيفت ولم يذكر صدر صلتها ، نحوه :

( يعجبني أيهم أشد بأسا) أيِ : مبنية على الضم إذ أضيفت وحذف صدر صلتها، والصلة هي " أشد " فهي خبر لمبتدأ محذوف تقديره " هو أشد " .

<u>ثانيًا ( ذا – ذو – ال )</u>

أ- <u>ذا</u> : بشرطين :-

1- أن تكون مسبوقة بـ ( ما ) أو ( من ) الاستفهاميتين .

2- ألا تعد جزءًا من التركيب المتضمن ( ما ) أو ( من ) .

قال تعالى : ﴿ ماذا أنزل ربكم [15] ﴾ .

قال الشاعر :

ألا إن قلبي لدي الظاعنين حزين فمن ذا يعزي الحزينا

من : اسم استفهام مبنى على السكون فى محل رفع مبتدأ.

ذا : اسم موصول بمعنى " الذى " مبنى على السكون فى محل رفع خبر.

وجملة ( يعزي الحزينا ) صلة الموصول لا محل لها من الإعراب.

ب- <u>ذو</u>: فى لهجة طيئ وهو استعمال خاص فى اللغة ، مثل : جاءني ذو قام ( أي ) جاءني الذى قام .

جـ - ( <u>أل</u> ) إذا كانت داخله على اسم الفاعل أو اسم المفعول ، أو الصفة المشبهة وذلك فى رأي بعض النحاة، مثل : ( تفوق المؤدي واجبه ) أي : تفوق الذى يؤدي واجبه.

( صلة الموصول )
الصلة هي الموضحة للموصول والمحددة لمعناه ، وتكون جملة أو شبة جملة

(1) شروط وقوع الجملة صلة :
أن تكون خبرية لا إنشائية ، وأن تشتمل على ضمير مطابق للموصول ،مثل:
( أحترم الذى يكرم جاره ) .

1.شروط وقوع شبه الجملة صلة : شبة الجملة هو " الظرف " و"الجار
والمجرور" ويشترط لوقوعه صلة أن يكون مفيدا فائدة تامة : مثل ،
قابلت الذين فى الكلية .

الأسماء الموصولة كلها مبنية في محل رفع أو نصب أو جر ما عدا ( اللذان ,
واللتان ) فيعربان إعراب المثنى .
ـ حضر الذي تفوق . ( اسم موصول مبني في محل رفع فاعل ).
ـ حضر اللذان تفوقا . ( فاعل مرفوع وعلامة الرفع الألف ) .

# خامسًا : المعرف بأداة التعريف

أداة التعريف هي ( أل ) وتنقسم ثلاثة أقسام :

## 1) (أل) العهدية :

يقصد بالعهد :الأمر المتفق عليه بين المتكلم والسامع ، فهو أمر محدد مفهوم لكل منهما ، مثل :

( زارنا صديق ثم سافر الصديق صباحا ) ، حضر ( الصديق ) .

(أل) فى كلمة ( الصديق ) تسمى العهدية لأنها أشارت إلى كلمة معروفة قبل ذلك

## 2) أل ( الجنسية ) :

لا تعني شخصا بعينه أو شيئا بذاته ،وإنما تتناول الجنس نفسه ، مثل :

(الكريم أفضل من البخيل ) .

( الكريم ) و ( البخيل ) تطلق على الجنس نفسه وليس شخصا محددا.

ومثل : ( الرجل متفوق على المرأة ) ونلاحظ أنه لا يستلزم بالضرورة التحقق فى كل فرد من أفراد ذلك الجنس ، فذلك لا يعني أن كل رجل متفوق على كل امرأة ، فالحكم عام وليس مطلقًا.

## 3) أل ( الاستغراقية ) :

تستغرق كل أفراد الجنس ، مثل قوله تعالى ﴿وَخُلِقَ الإِنسَانُ ضَعِيفًا 16﴾ الإنسان هنا يشمل الجنس كله ولا يجوز خروج بعض أفراده على هذا الحكم الكلي.

وقد تأتي ( أل ) الاستغراقية لتدل على استغراق الصفات دون نظر إلى الأفراد ، مثل قولك لصديق لك (أنت الكريم ) . فمعنى الكلام أن كل صفات الكرم قد اجتمعت فيه بحيث استغرقها بأسرها وهو استغراق للصفات على سبيل المجاز

# سادسًا المضاف إلى المعرف

وهو ما أضيف إلى واحد من المعارف الخمس التى سبق ذكرها ، مثل :

1. كتابي جديد ( الإضافة إلى ضمير )
2. كتاب محمد جديد ( الإضافة إلى معرفة )
3. قرأت كتاب الذى حصد المركز الأول من الطلاب.

( الإضافة إلى اسم الموصول ) .

# الفصل الثاني
# (الجملـة الاسمية)

## أنماط الجملة الاسمية :

1. مبتدأ له خبر ، مثل : العربي كريم. ـ العربي : مبتدأ مرفوع وعلامة الرفع الضمة. ـ كريم :خبر مرفوع وعلامة الرفع الضمة )

2. مبتدأ له مرفوع سد مسد الخبر ، مثل : أمسافر أخوك ؟ ( أمسافر: مبتدأ (اسم فاعل) ـ أخوك : فاعل مرفوع سد مسد الخبر )

3. جملة اسمية مكونة من مبتدأ وخبر لكنهما مسبوقان بناسخ ,مثل:- (كان الطالب متفوقا).

# أولا المبتدأ



**الصورة الأولى : ( مبتدأ له خبر )**

**المبتدأ** : هو الاسم المرفوع ، المجرد من العوامل اللفظية وهو محكوم عليه ويكون مرفوعا لفظا أو محلا ، مثل :-

●محمد ناجح .

ـ محمد : مبتدأ مرفوع وعلامة الرفع الضمة الظاهرة .

●بحسبك درهم .

ــ الباء حرف جر زائد .
ــ حسب : مبتدأ مرفوع محلا مجرور لفظا وعلامة الرفع الضمة المقدرة والكاف ضمير مبني فى محل جر مضاف إليه.
ــ درهم : خبر مرفوع وعلامة الرفع الضمة الظاهرة .

<u>أشكال المبتدأ</u> :

1.اسم صريح مثل : **محمد** كريم ، **الطالب** مجتهد .

2.**ضمير منفصل** مثل : **أنا** مسافر ــ **هو** كريم ــ **هم** مجتهدون .

3.اسم إشارة مثل : **هذا** أديب ، **هؤلاء** شعراء .

4.اسم **موصول** مثل : **الذى** فاز بالجائزة طالب ــ **ما** قلته صحيح .

5.اسم استفهام مثل : **من** المشرف؟

6.اسم **شرط** مثل : **من** جد وجد .

7.**مصدر مؤول** مثل قوله تعالى " وَأَنْ تَصُومُوا خَيْرٌ لَكُمْ "[17] .

(المصدر المؤول من أن والمضارع فى محل رفع مبتدأ ) .

**الصورة الثانية** :**المبتدأ الوصف ذو المرفوع الذي سد مسد الخبر**

يقصد بالوصف :

( اسم الفاعل ، واسم المفعول وصيغة المبالغة والصفة المشبهة .... الخ ).

هذه المشتقات إذا بدأنا بها الكلام فإنها تعرب مبتدأ ، والمرفوع بعدها سد مسد الخبر لأنه يكون مع المبتدأ كلاما مفيدا ، مثل :

ـ **أقاتل الرجل الطمع ؟**

قاتل : مبتدأ مرفوع وعلامة الرفع الضمة ( اسم فاعل ) .

الرجل : فاعل مرفوع وعلامة الرفع الضمة سد مسد الخبر .

ـ **ما مفهومٌ كلامك .**

مفهوم : مبتدأ مرفوع وعلامة الرفع الضمة ( اسم مفعول ) .

كلام : نائب فاعل مرفوع وعلامة الرفع الضمة ( سد مسد الخبر ) .والكاف : ضمير مبنى فى محل جر مضاف إليه.

**ويشترط لصحة وقوع الوصف مبتدأ له مرفوع يسد مسد الخبر أن :**

1.يسبقه استفهام أو نفي .

2.يكون رافعًا لاسم ظاهر أو ضمير منفصل،مثل قوله تعالى : "أَرَاغِبٌ أَنْتَ عَنْ آلِهَتِي يَا إِبْرَاهِيمُ "[18]

أنت : ضمير مبنى فى محل رفع فاعل لاسم الفاعل ( راغب ) سد مسد الخبر .

<u>ملاحظة</u> :

لابد للوصف من تقدم نفي أو استفهام ، وإذا لم يطابق الوصف ما بعده يعرب مبتدأ ، مثل :

ـ أقائم أخواك (مبتدأ + فاعل سد مسد الخبر )

ـ وإذا طابقه في الإفراد احتملهما , مثل :ـ أقائم أخوك؟ ( أخوك : مبتدأ مؤخر أو فاعل سد مسد الخبر ).

ـ وإن طابقه في غير الإفراد تعينت خبريته , مثل :ـ ( أقائمان أخواك ) ( خبر مقدم + مبتدأ مؤخر).

**الابتداء بالنكرة**

" الأصل في المبتدأ أن يكون معرفة لا نكرة ؛لأن النكرة مجهولة غالبا ، والحكم على المجهول لا يفيد " .

ولكن يجوز الابتداء بالنكرة إذا أدت مع الخبر معنى مفيدا ، مثل :

1.إذا سبقت النكرة بنفي أو استفهام ،مثل قوله تعالى :" لاخَوْفٌ عَلَيْكُمْ وَلَا أَنْتُمْ تحزنون "[19] وقوله تعالى " أءلة مَعَ اللَّهِ "[20] .

2.أن تكون النكرة موصوفة . مثل : **رجل** كريم خير من بخيل.

3.أن تكون النكرة عامة . مثل: قوله تعالى " **كُلٌّ لَهُ قَانِتُونَ** "[21].

4.أن تكون النكرة مضافة . مثل :قوله تعالى " **كُلُّ** نَفْسٍ ذَائِقَةُ الْمَوْتِ "[22]

5.أن تدل النكرة على الدعاء . مثل : **سلام** عليك أيها الجندي الشجاع.

6.أن يكون الخبر شبه جملة متقدما على المبتدأ النكرة ، مثل: أمام المدرسة **طالب** .

7.إذا استبقت بـ ( إذا الفجائية أو رب ، أو لولا ، أو لام الابتداء ) مثل:ـ ( رُبَّ **أخ** لك لم تلده أمك ) ، ( **لطالب** متفوق خيرُ من مهمل ) .

8.أن تصغر , مثل :ـ ( **رجيل** يتحدث ) لأن التصغير وصف بالمعنى .

9ـ أن يقصد بها التنويع ,مثل :
فأقبلت زحفا على الركبتين **فثوب** لبست **وثوب** أجرّ
( ثوب :مبتدأ , ولبست جملة خبر . وكذلك : ثوب أجر ).

10ـ أن تقع بعد واو الحال ,مثل : " سرينا ونجمٌ قد أضاء". ( نجم : مبتدأ , والجملة الاسمية في محل نصب حال ).

1.أن يكون فيها معنى التعجب , مثل : **ما** أجمل السماء ! ( ما تعجبية مبنية في محل رفع مبتدأ )

# ثانيا :- الخبر

<u>الخبر</u> : هو الجزء الذى يكمل المعنى مع المبتدأ وحكمه الإعرابي : الرفع ،
مثل :- (الطالب الذى يؤدي واجبه ، ويخلص فى عمله ، ويطيع والديه ، ويصبر
كل الصبر رغبة فى تحقيق هدفه **مقدر** من الجميع ) .
كلمة ( مقدر ) خبر لأنها أكملت المعنى .

<u>أنواعــــه</u> :

1- <u>الخبر المفرد</u> : وهو ما ليس جملة ولا شبه جملة ، كلمة واحدة تدل على
المفرد أو المثنى أو الجمع، مثل :

( العلم **نور** ) -( الطالبان **مجتهدان** ) - ( المؤمنون **خاشعون** ) .

2- <u>الخبر الجملة</u> : وهي اسمية أو فعلية ، مثل :

**( الصلاة فوائدها عظيمة )** .

الصلاة : مبتدأ مرفوع وعلامة الرفع الضمة .
فوائدها :فوائد مبتدأ ثان مرفوع وعلامة الرفع الضمة ،والضمير مبنى فى
محل جر مضاف إليه .
عظيمة : خبر للمبتدأ الثاني مرفوع وعلامة الرفع الضمة .
والجملة الاسمية فى محل رفع خبر المبتدأ الأول .

**( العربي يكرم الضيف )**

العربي : مبتدأ مرفوع وعلامة الرفع الضمة .
يكرم : فعل مضارع مرفوع وعلامة الرفع الضمة والفاعل ضمير مستتر
تقديره هو .
الضيف : مفعول به منصوب وعلامة النصب الفتحة والجملة الفعلية فى محل
رفع خبر .

## الرابط في جملة الخبر :

لابد لجملة الخبر أن تشتمل على رابط يربطها بالمبتدأ ، ومن أنواعه :

1. **الضمير** : وقد يكون ظاهرا أو مستترا مثل المثالين السابقين أو مقدرا .

2. **الإشارة إلى المبتدأ** ، قال تعالى " ولباس التقوى **ذلك خير** "[23] . ( ذلك ) اسم إشارة مبني في محل رفع مبتدأ ثان . (خير) خبر للمبتدأ الثاني , والجملة الاسمية في محل رفع خبر.

3. **إعادة المبتدأ بلفظة ومعناه في جملة الخبر** .

قال تعالى: " الحاقة * ما الحاقة "[24] .
الحاقة : مبتدأ مرفوع وعلامة الرفع الضمة .
ما : اسم استفهام مبني على السكون في محل رفع مبتدأ ثان.
الحاقة : خبر المبتدأ الثاني مرفوع وعلامة الرفع الضمة .
والجملة الاسمية في محل رفع خبر المبتدأ اللأول .

### فائـــدة

إذا كان الخبر هو نفس المبتدأ في المعنى لم يحتج الخبر إلى رابط ، مثل:
(شعارنا الحمد لله ).
( مبتدأ+مبتدأ ثان+خبر , والجملة الاسمية في محل رفع خبر).

3- **الخبر شبه جملة** : شبة جملة إما أن يكون ظرفا و جارا و مجرور ، مثل :
( الحق فوق الجميع ) ـ ( الطالب في المدرسة )
الحق : مبتدأ مرفوع وعلامة الرفع الضمة .
فوق : ظرف مكان منصوب وعلامة النصب الفتحة .
الجميع : مضاف إليه مجرور وعلامة الجر الكسرة .
(وشبه الجملة في محل رفع خبر) .

**ملاحظة** قد يأتي الخبر مصدرًا مؤولا ، مثل :ـ تحقيق النجاح **أن تجد** وتعمل

## تعدد الخبر

يجوز أن يتعدد الخبر لمبتدأ واحد ، مثل :

ـ الله **غفور رحيم لطيف** . ( خبر أول + خبر ثان + خبر ثالث )

ـ ( مصر **عظيمة ، حضارتها خالدة ، فوق الجميع** ) .

( خبر أول مفرد + خبر ثان جملة اسمية + خبر ثالث شبه جملة )

وذلك بشرطين :

1. أن يكون كل خبر منها صالحا للإخبار به عن المبتدأ.
2. ألا يذكر بين الأخبار المتعددة حرف عطف.

# الترتيب بين المبتدأ والخبر

### أ- وجوب تقديم المبتدأ على الخبر

1- إذا كان المبتدأ له الصدارة فى الكلام بنفسه أو باتصاله بما له الصدارة .

مثل : ما التعجبية ، أدوات الاستفهام ، الشرط ، كم ، المقترن بلام الابتداء ...

مثل: **من** كتب الدرس ؟ **ما** أجمل السماء !

2- أن يكون الخبر جملة فعلية ، نحو : ( **السماء** تمطر ) .

3- إذا تساوى المبتدأ مع الخبر فى التعريف والتنكير ، مثل ( **أخي** شريكي ) .

4- أن يكون المبتدأ محصورًا فى الخبر ، نحو قوله تعالى "وَمَا **مُحَمَّدٌ** إِلَّا رَسُولٌ "[25] .

### ب- وجوب تقديم الخبر :

1- إذا كان الخبر له الصدارة فى الكلام بنفسه أو باتصاله بما له الصدارة .

مثل : **أين** الكتاب ؟ [ أين : أداة استفهام مبنية فى محل رفع خبر مقدم ] .

2- إذا كان الخبر محصورا فى المبتدأ ، مثل [ ما **صادق** إلا محمد ] .

3- أن يكون المبتدأ نكرة والخبر شبة جملة ، مثل [ **عندك** ضيف ] .

1. أن يشتمل المبتدأ على ضمير يعود على شيء من الخبر ، مثل : [ **فى الكلية** عميدها ] .

4- إذا كان الخبر في أسلوب المدح والذم مع ( حبذا أو لا حبذا ) .

مثل : حبذا الإخلاص . حبذا جملة فعلية خبر مقدم وجوبا .

### جواز تقديم الخبر :

عندما يكون الخبر شبة جملة والمبتدأ معرفة ، أو نكرة يصح الابتداء بها مثل :

- ( **لله** الحمد ) .

- قوله تعالى " لَا **فِيهَا** غَوْلٌ "[26] .

"فيها " جار ومجرور خبر مقدم . " غول " مبتدأ مؤخر .

# الحذف فى باب المبتدأ والخبر

### 1- الحذف جوازا

قد يحذف المبتدأ أو الخبر جوازا ، وذلك للعلم به أو إذا دل عليه دليل أو أمكن تقديره فى الكلام ، مثل قوله تعالى " أكلها دائم وظلها "[27].

ظلها : مبتدأ مرفوع وعلامة الرفع الضمة والضمير مبنى فى محل جر مضاف إليه والخبر محذوف تقديره " دائم " .

ومثل قول الشاعر :

**شاك** إلى البحر اضطراب خواطري فيجيبي برياحه الهوجاء

شاك : خبر مرفوع وعلامة الرفع الضمة المقدرة على الياء المحذوفة .

والمبتدأ محذوف جوازًا تقديره ( أنا ) .

ويكثر ذلك مع أساليب الاستفهام ، مثل (أين الكتاب ؟) ( .... فى المدرسة ) .

### 2- الحذف وجوبًا

### أولا : حذف المبتدأ وجوبا

1- إذا كان الخبر صريحا فى القسم ، مثل " فى ذمتى لأذاكرن". والتقدير " عهد أو قسم فى ذمتى " .

2- إذا كان الخبر مصدرا يؤدي معنى فعله ، مثل :- "صبر جميل " " سمع وطاعة". والتقدير " أمرى " .

3- المخصوص بالمدح أو الذم ، مثل:- " نعم الخلق الصدق " . والتقدير " هو الصدق " .

4- النعت المقطوع إلى الرفع ، مثل : ( قابلت محمدا الكريم ) أى ( هو الكريم ) .

5- إذا كان مبتدأ للاسم المرفوع بعد لا سيما ، مثل : أحب اللغة ولا سيما الأدب . ( الأدب) خبر لمبتدأ محذوف وجوبا .

والتقدير ( هو الأدب ) والجملة اسمية فى محل رفع خبر لا النافية للجنس .

### ثانيًا : حذف الخبر وجوبا

1- إذا وقع المبتدأ بعد "لولا" وخبره كون عام ( أى موجود ) مثل :

لولا العلم ما تقدمت البشرية " .

العلم : مبتدأ مرفوع وعلامة الرفع الضمة الظاهرة والخبر محذوف وجوبا تقديره موجود .

أما قولنا " لولا السفينة واسعة لما استطعنا السفر " فالخبر هنا كلمة ( واسعة ) .

2ـ أن يكون المبتدأ أيضا في القسم ، مثل : " يمين الله لأجتهدن " والتقدير يمين الله ( قسمي ) .

3ـ إذا كان المبتدأ معطوفا على اسم بواو تدل على المصاحبة ( واو المعية ) ، مثل :

( كل طالب وكتابه ) والدليل " متلازمان أو مقترنان " .

1. أن يكون المبتدأ مصدرا , وبعده حال سد مسد الخبر , مثل:

( ضربي العبد مسيئا ) مسيئا : حال سد مسد الخبر .

**ملاحظة** :ـ يجوز حذف المبتدأ والخبر معا إذا دل عليهما دليل , مثل :ـ ـ هل أبوك غائب ؟ نعم ...... ( أي ) " أبي غائب " .

# النواسخ
## أولا الأفعال الناسخة

### (1) كان وأخواتها

● أفعال ناسخة ناقصة تدخل على الجملة الاسمية ترفع المبتدأ ويسمى اسمها وتنصب الخبر ويسمى خبرها .

● وتسمى ناقصة لأنها لا تكتفي بالاسم المرفوع بعدها ، بل يبقى المعنى ناقصا محتاجا إلى الإكمال عن طريق الاسم المنصوب ( الخبر ) .

● وهي ناسخة لأنها تحدث تغييرا فى الجملة الاسمية ، كما سبق .

و هذه الأفعال هي :

أ ـ ( كان ـ أمس ـ أصبح ـ أضحى ـ ظل ـ بات ـ صار ـ ليس ) . ولا تحتاج إلى شروط .

ب ـ ( زال ـ برح ـ فتئ ـ انفك ) ويشترط أن يسبقها نفي أو نهي أو استفهام .

مثل :ـ لا يزال الولد سعيدا .

وقد يحذف النفي بعد القسم , مثل قوله تعالى : " قالوا تالله تفتؤا تذكر يوسف"[28] .

ج ـ( دام ) ولابد أن يتقدم عليه " ما " المصدرية الظرفية ، مثل قوله تعالى :ـ "

وَأَوْصَانِي بِالصَّلَاةِ وَالزَّكَاةِ مَا دُمْتُ حَيًّا "[29] .

### معاني هذه الأفعال :

1.كان : تفيد حدوث الخبر فى زمن مضى وقد يكون مستمرا ، مثل : ( كان الجندي شجاعا ) .

2.أصبح : تفيد اتصاف الاسم بالخبر فى وقت الصباح،مثل ( أصبح الجو باردا ) .

3.أضحى : تفيد حدوث الخبر وقت الضحى ، مثل ( أضحى الرجل نشيطا ) .

4.ظل : تفيد اتصاف الاسم بالخبر طول النهار ، مثل ( ظل الباب مغلقا ) .

5.أمسى : تفيد حدوث الخبر مساء ، مثل ( أمسى القلب حزينا ) .

6.صار : يفيد التحويل ، مثل ( صار العمل سهلا ) .

7. **بات** : تفيد حدوث الخبر طول الليل ( بات الطالب يذاكر ) .

8. **ليس** : يفيد نفي اتصاف الاسم بالخبر ، مثل ( ليس الرجل صادقا ) .

9. **أفعال الاستمرار** ( زال – برح – فتئ – انفك ) وتفيد دوام اتصاف الاسم بالخبر مثل :- ( ما زال العمر يمضي ... )

10. **دام** : وتفيد دوام اتصاف الاسم بالخبر ما بقى كل منهما مرتبطاً بالآخر ، مثل :- ( لن يخسر المجتهد مادام مخلصا في عمله ) .

## فائدة :

وردت أفعال بمعنى الفعل ( صار ) عن طريق ( التضمين ) لذلك فهي تعمل علمها أى ترفع الاسم وتنصب الخبر ، وهذه الأفعال هي :

( رجع – عاد – استحال – تحول – ارتد – غدا – راح – آض – قعد – حار )

مثل : ( استحال الماء ثلجا ) .

الماء : اسم استحال مرفوع وعلامة الرفع الضمة .

ثلجا : خبر استحال منصوب وعلامة النصب الفتحة .

# " كان وأخواتها " من حيث التصرف والجمود

**أ) ما يتصرف تصرفا مطلقا :**

يأتي منه " الماضى والمضارع والأمر والمصدر واسم الفاعل " وهذه الأفعال
هي :ـ [ كان ـ أمسى ـ أصبح ـ أضحى ـ ظل ـ بات ـ صار ] ,مثل قول الشاعر
:

وما كل من يبدى البشاشة كائنا أخاك إذا لم تلقه لك منجدا

أخاك : خبر اسم الفاعل ( كائنا ) والاسم ضمير مستتر .

ـ كن جميلا تر الوجود جميلا .

**ب) ما يتصرف تصرفا ناقصا :**

يأتي منه " الماضى والمضارع واسم الفاعل " ولا يأتي منه " الأمر والمصدر". وهي أفعال الدوام والاستمرار [ زال ـ برح ـ فتئ ـ انفك ] ,مثل قوله تعالى :

" لَنْ نَبْرَحَ عَلَيْهِ عَاكِفِينَ "[30] .

**ج ) مالا ينصرف مطلقًا** ، وهما فعلان فقط يلزمان صورة الماضى :
( ليس ، مادام ) .

## الرتبة فى باب كان وأخواتها :

1.يجوز أن يتوسط الخبر بين هذه الأفعال وبين اسمها،مثل قوله تعالى:ـ "
وَكَانَ حَقًّا عَلَيْنَا نَصْرُ الْمُؤْمِنِينَ " [31] .

ـحقا : خبر كان مقدم منصوب وعلامة النصب الفتحة.

ـنصر: اسم كان مؤخر مرفوع وعلامة الرفع الضمة .

2ـ قد يتقدم الخبر على الفعل والاسم وهذا جائز فيما عدا ( ليس ومادام )، مثل
: [ سعيدا كان محمد ].

أما إذا تقدمت ( ما ) كان وأخواتها ، فإنه لا يجوز تقدم الخبر عليها ، لأن أدوات النفي ومنها (ما) لايعمل ما بعدها فيما قبلها : لذلك لا يجوز أن نقول:
" سعيدا مازال محمد " .

## خبر كان وأخواتها :

يأتى مفردا أو جملة أو شبه جملة ، مثل :

أـ ( كان المعلم **صادقا** فى نصيحته ) . [ مفرد ]

بـ ( أصبح الجندي **يحمل السلاح** ) . [ جملة فعلية ]

جـ ( ليس الرجل **فى البيت** ) . [ شبه جملة ]

**ملحوظة :** ينطبق على جملة كان وأخواتها أحكام الجملة الاسمية من حيث التقديم والتأخير كما سبق شرحه .

مثل : ـ أصبح لنا أن نفخر بالعلم .

(لنا ) شبه جملة خبر مقدم ,والمصدر المؤول في محل رفع اسم كان .

## الأفعال التامة والناقصة

**الفعل الناقص :** يرفع الاسم وينصب الخبر ( لا يكتفي بمرفوعه ) .

مثل : 1ـ أمسى الفلاح راضيا. ( فعل + اسم + خبر )

2ـ كان الجو باردا . ( فعل +اسم +خبر )

**الفعل التام** : يكتفي بمرفوعه : أي أنه يرفع فاعلا ولا يحتاج إلى خبر ، مثل :

1.( اجتهد **مادامت الحياة** ) . ( الحياة : فاعل مرفوع وعلامة الرفع الضمة ) .

2.( اتق الله حيثما **كنت** ) . ( بمعنى : وجدت ) .(فعل + فاعل ضمير مستتر)

3- "ألا إلى الله **تصير الأمور** "[32] ( بمعنى : ترجع ) .( فعل + فاعل)

4ـ( ظل الولد يذاكر حتى **أصبح** ). ( بمعنى: بقى ) .( فعل + فاعل ضمير مستتر)

**نموذج إعرابي** :

(هجم الجنود فكان النصر) .

كان : فعل ماض مبني على الفتح.

النصر : فاعل مرفوع وعلامة الرفع الضمة ( الفعل تام ) .

**ملحوظة مهمة** :

•الأفعال التى تأتي تامة أو ناقصة هي :-

[ كُان- أصبح ـ أضحى ـأمسى ـ بات ـ صار ـظل- مادام ـ مابرح- ما انفك ]

•أما الأفعال [ زال ـ فتئ ـ ليس] فلا تأتي إلا ناقصة .

•غالبا تأتي كان وأخواتها تامة بعد : ( أداة شرط ـحيث ـ أينما ـ حيثما ...) .

## ما تختص به ( كان )

### أولا : حذف نونها ، بشروط:ـ

1- أن تكون بلفظ المضارع . 2- أن تكون مجزومة .

3-أن يكون المضارع مجزوما بالسكون.

4-أن يكون الحرف الذى يلي النون حرفا متحركا.

5- ألا يكون الفعل متصلا بضمير نصب متصل . وهو حذف جائز لا واجب ،

مثل قوله تعالى : " وَلَمْ أَكُ بَغِيًّا "[33] .

ـ قول الشاعر :

ومن يك ذا فمٍ مرٍ مريضٍ يجد مرًّا به الماء الزلالا

### ثانيا : زيادتها :

وهي تلك التى لا تحتاج إلى مرفوع ولا إلى منصوب بشرطين :

1- أن تكون بلفظ الماضي .

2- أن تقع بين شيئين متلازمين غير الجار والمجرور ، مثل :

ـ ما **كان** أجمل السماء . ( بين أداة التعجب والفعل )

ـ مررت برجل **كان** كريم. ( بين الصفة والموصوف )

ـ فى لجة غمرت أباك بحورها في الجاهلية ـ **كان** ـ والإسلام ( بين العاطف والمعطوف )

### ثالثا : حذفها :

1- أن تحذف ويبقى الاسم والخبر ، مثل ( أما أنت ذكيا فاجتهد ) . والتقدير ( لأن كنت ذكيا ) بعد أن المصدرية .

2- أن تحذف مع اسمها ويبقى الخبر وذلك بعد " إن " و " لو " الشرطيتين . مثل : قل الحق ولو مرا . والتقدير : ولو كان الحق مرا . الناس مجزيون بأعمالهم ، إن خيرا فخير ، وإن شرا فشر . والتقدير " إن كان العمل خيرا ... وإن كان شرا .

# كاد وأخواتها
## [ أفعال المقاربة والرجاء والشروع ]

1ـ هذه الأفعال تعمل عمل كان أي ترفع المبتدأ وتنصب الخبر .

2ـ خبرها جملة فعلية فعلها مضارع ، مثل ( كادت الشمس تغيب ) .

الشمس : اسم كاد مرفوع وعلامة الرفع الضمة .

تغيب : فعل مضارع مرفوع وعلامة الرفع الضمة ، والفاعل ضمير مستتر تقديره "هي" والجملة الفعلية فى محل نصب خبر كاد .

**معاني تلك الأفعال :**

1ـ **المقاربة** : وهي أفعال تفيد قرب وقوع الخبر ،ومنها: (كاد ـ كرب ـأوشك ). مثل: أوشك العام أن ينتهي .

1.**الرجاء** : وهي أفعال تفيد رجاء حدوث الخبر وانتظاره ، ومنها:

(عسى ـ حرى ـ اخلولق )، مثل : " عسى الله أن يغفر لنا " .

1.**الشروع** : وهي أفعال تفيد الشروع فى حدوث الخبر ، وتكون بمعنى (بدأ) ومنها:ـ ( أخذ ـ جعل ـ طفق ـ علق ـ شرع ـ بدأ ـ أنشأ ـ هب )

مثل : أخذ المعلم يشرح الدرس .

**شروط عملها :**

●أن يكون الخبر جملة فعلية فعلها مضارع ، رافعا لضمير الاسم السابق مقترنا بأن أو مجردا منها مثل : ( طفق الولد يلعب ) .

●**أفعال الشروع تأتي بمعنى " بدأ".**

●**هذه الأفعال جامدة عدا [ كاد ـ أوشك ] فيأتي منها المضارع ويعمل عملها** ، مثل:ـ ( يوشك الظلم أن يزول ) .

وإذا فقدت شرطا من الشروط السابقة تأتي تامة أي تكتفي بمرفوعها ، مثل :

1ـ ( أخذ الطالب القلم ) .

الطالب : فاعل مرفوع وعلامة الرفع الضمة .

القلم : مفعول به منصوب وعلامة النصب الفتحة .

**2-( يبدأ الولد يذاكر ).**

الولد : فاعل مرفوع وعلامة الرفع الضمة . ( يبدأ فعل مضارع).

**حكم اقتران خبرها بـ" أن "**

1.يقل اقتران الخبر بأن مع ( كاد ـ كرب ) ، مثل :( كاد الرجل يسقط ) .

2.يكثر مع ( عسى ـ أوشك ) مثل قوله تعالى: "عسى ربكم أن يرحمكم ".

3.يجب اقتران الخبر بأن مع( حرى ـ اخلولق ) مثل: ( حرى الطالب أن يذاكر ) .

4.يمتنع مع أفعال الشروع ، مثل : ( أخذ الجو يمطر ).

**فائدة : ما تختص به ( عسى ) من الأحكام :**

1ـ قد تأتي تامة أي تكتفي بمرفوعها ، مثل قوله تعالى :

" وعسى **أن تكرهوا** شيئا وهو خير لكم "[34] المصدر المؤول فى محل رفع فاعل .

2ـ إذا تقدم الاسم الظاهر على الفعل ( عسى ) يجوز أن تكون تامة أو ناقصة مثل:ـ ( النجاح عسى أن يتحقق ) .

ـ يجوز أن تكون تامة والمصدر المؤول بعدها فى محل رفع فاعل .

ـ أو ناقصة ، واسمها ضمير مستتر والجملة الفعلية فى محل نصب خبر .

# ثانيا : الحروف الناسخة
# إنَّ وأخواتها

**" إنّ ، أنّ ، كأنّ ، لكنّ ، ليت ، لعل".**

1) **إنّ** : تفيد التوكيد ، مثل :ـ " إن الصلاة نور".

2) **أنّ** : تفيد التوكيد ، ولابد أن يسبقها كلام ، مثل :ـ سرني أنك ناجح .

3) **كأن** : تستخدم فى التشبيه ، مثل :ـ كأن الرجل أسد.

4) **لكن** : وتفيد الاستدراك ، ودفع ما يقع فى الكلام من وهم ، نحو:ـ
( الرجل غنى لكنه بخيل ) .

5) **ليت** : تفيد تمنى أمر محبوب غير متوقع الحدوث ، مثل قول الشاعر :
ألا ليت الشباب يعود يوما فأخبره بما فعل المشيب

6) **لعل** : تفيد الرجاء ، وتوقع أمر ممكن الحدوث ، مثل ( لعل الطالب يجتهد )

**عملها :**

هذه الحروف تدخل على الجملة الاسمية ، تنصب المبتدأ اسما لها ، والخبر ترفعه . ويأتي خبرها مفردا ، وجملة ، وشبه جملة ، مثل : -

1- **(إن القراءة فوائدها عظيمة)** .

ـالقراءة : اسم إن منصوب وعلامة النصب الفتحة .

ـفوائد : مبتدأ مرفوع وعلامة الرفع الضمة ، والضمير مبنى فى محل جر مضاف إليه.

ـعظيمة : خبر مرفوع وعلامة الرفع الضمة والجملة الاسمية فى محل رفع خبر إن.

2ـ**(ليت الرجل أمام البيت)** .

ـالرجل : اسم ليت منصوب وعلامة النصب الفتحة .

ـأمام : ظرف مكان منصوب وعلامة النصب الفتحة , البيت : مضاف إليه مجرور وعلامة الجر الكسرة وشبه الجملة في محل رفع خبر ليت .

**ملحوظة**

1ـينطبق على جملة إن وأخواتها أحكام الجملة الاسمية من تقديم وتأخير ، مثل :
"إن فى دراسة التاريخ عبرة".

( في دراسة ) جار ومجرور شبه جملة خبر إن مقدم فى محل رفع .

( التاريخ ) مضاف إليه مجرور وعلامة الجر الكسرة .

( عبرة ) اسم إن مؤخر منصوب وعلامة النصب الفتحة .

2ـ تأتي اللام المزحلقة ( زائدة للتوكيد ) في جملة إنّ فقط دون أخواتها ويشترط ألا يكون خبرها منفيا , ولا تؤثر في الإعراب , مثل : إن الرجل لصادق .

ـ صادق : خبر إنّ مرفوع وعلامة الرفع الضمة .

## دخول ( ما ) عليها :

تدخل " ما " الزائدة على إن وأخواتها ، وهذا يؤدي إلى :

1ـ تكف " ما " إن وأخواتها عن العمل ، ما عدا " ليت " .

2ـ تصبح إن وأخواتها صالحة للدخول على الجملة الفعلية .

3ـ دخول " ما " يفيد زيادة التأكيد والحصر . مثل :ـ

1ـ ( إنما الرجل صادق ) .

الرجل : مبتدأ مرفوع وعلامة الرفع الضمة .

صادق : خبر مرفوع وعلامة الرفع الضمة .

2ـ ( ليتما المصريون متحدون ) ( ليتما المصريين متحدون ) .

المصريون : مبتدأ مرفوع وعلامة الرفع الواو لأنه جمع مذكر سالم .

المصريين : اسم ليت منصوب وعلامة النصب الياء لأنه جمع مذكر سالم .

**فائدة : تأتي " عسى " بمعنى " لعل " واشترط أن يكون اسمها ضميرا ، مثل :ـ**

فقلت عساها نارُ كأس وعلّها تشكّى فأتى نحوها فأعودُها

ـ عسى : حرف ناسخ بمعنى " لعل" اسمها الضمير المتصل بها , (نار) خبر مرفوع وعلامة الرفع الضمة.

<u>**ضبط همزة إن :**</u>

<u>**أ) وجوب الكسر**</u>

1- فى أول الكلام ، مثل : إن الصدق طريق النجاة .

2- إذا وقعت بعد حيث ، مثل : حضرت حيث إنك تنتظرني.

3- إذا وقعت بعد القول ، وما يشتق منه ، مثل :-

يقول الرجل إن الشمس مشرقة .

4- بعد القسم ، مثل : والله إن العلم نور.

5- إذا وقعت بعد أول جملة الصلة ، مثل : - " وَآتَيْنَاهُ مِنَ الْكُنُوزِ مَا إِنَّ مَفَاتِحَهُ

لَتَنُوءُ بِالْعُصْبَةِ أُولِي الْقُوَّةِ "[35] .

6- إذا وقعت أول جملة الحال ، مثل : جاء صديقي وإنه يبتسم .

7- بعد (كلا) و(حتى) ،مثل:- صام الرجل عن الكلام ، حتى إنه لم يكلم أحدا .

8 - أن تقع في أول الصفة ,مثل :- مررت برجل إنه كريم .

<u>**ب) وجوب الفتح :**</u>

يجب فتح همزة " أن " حين تكون هي واسمها وخبرها فى تأويل مصدر ، مثل

( سرني أنك ناجح ) . المصدر المؤول ( أنك ناجح ) فى محل رفع فاعل .

<u>**ج) جواز الفتح والكسر :**</u>

1- إذا وقعت بعد فاء الجزاء ، نحو : من يذاكر فإنه ( فأنه ) ناجح .

2- بعد ( إذا ) الفجائية ، مثل : خرجت فإذا أن ( إن ) السماء تمطر .

**تخفيف النون المشددة فى الحروف ( إنّ – أنّ – لكنّ – كأنّ )**

**1) إنْ: هي ( إنْ ) المخففة من ( إنّ) المشددة النون وحكمها :**

أ- تأتي مع جملة اسمية ، ويراعي أصلها المشدد ، تنصب الاسم وترفع الخبر

، مثل:- ( إنْ الرجلَ صادقٌ ).

ب-تأتي مع جملة اسمية ، وتكون حرفا مهملا لا محل له من الإعراب ،

ويدخل على خبرها لام تسمى " اللام الفارقة " تكون هي الدليل على أنها ( إن )

المخففة ، مثل:-

-( إن الرجلُ لصادقٌ ) . ( الرجل ) مبتدأ . ( صادق ) خبر.

ج- تأتي مع جملة فعلية ، وتكون مهملة والجملة الفعلية بعدها تكون مصدرة

بفعل ناسخ ,مثل قوله تعالى: " وإن كانت لكبيرة إلا على الذين هدى الله ....."[36] .

**2) ( أنْ) المخففة من ( أنّ) وتكون جملتها :**

أ- يتقدم عليها ما يفيد اليقين أو الظن ، مثل ( علم ، ظن ، حسب ، .... )

ب- يكون اسمها ضمير الشأن محذوفا .

ج- يكون الخبر جملة مسبقة بـ ( قد أو السين أو سوف أو ما النافية أو لا النافية أو لو ) ,مثل قوله تعالى : " علم أن سيكون منكم مرضى.... "[37] .

والتقدير " أنه سيكون ........." .

**3) ( كأنْ ) وتنطبق عليها أحكام ( أنّ ) السابقة والجملة الفعلية معها تسبق بـ (قد أو لم) .**

قال تعالى " فجعلناها حصيدا كأنْ لم تغن بالأمس " .

**4) ( لكنْ ) هو الحرف المخفف من ( لكنّ )**

وهو حرف ابتداء غير ناسخ ، لا عمل له يدخل على الجملة الاسمية وكذلك الفعلية ، نقول :( الحياة غالية ، لكنْ **الهوان** مذلة ) .

ـ الهوان :ـ مبتدأ مرفوع وعلامة الرفع الضمة .

# لا النافية للجنس

حرف ناسخ يدخل على الجملة الاسمية فينفى الخبر عن جنس الاسم ، مثل: (لا مؤمن كاذب )

فقد نفى الحرف ( لا ) الكذب عن جنس المؤمنين كلهم ؛لذلك سميت :

" لا النافية للجنس ".

وتسمى أيضا " لا التبرئة " : لتبرئة المتكلم وتنزيهه الجنس عن الخبر .

## عملها :

تعمل عمل( إنّ) فتنصب المبتدأ ويُسمى اسمها وترفع الخبر ويسمى خبرها ،مثل:

**( لا طالب علم مهمل).**

طالب : اسم لا منصوب وعلامة النصب الفتحة .

علم : مضاف إليه مجرور وعلامة الجر الكسرة.

مهمل : خبر لا مرفوع وعلامة الرفع الضمة .

## شروط عمل لا النافية للجنس :

**1ـأن يكون اسمها وخبرها نكرتين .**

مثل ( لا شجرة مثمرة ) فإن جاء معرفة كررت وأهملت وألغيت ، مثل :

ـ لا الطالب فى المدرسة ولا المعلم .

الطالب : مبتدأ مرفوع وعلامة الرفع الضمة الظاهرة .

**2- أن يكون اسمها متصلا بها ، لا يفصل بينهما فاصل .**

فإن فصل بينهما فاصل كررت وأهملت وألغيت مثل : لا بيننا خائن ولا كسول .

بيننا : ظرف مكان والضمير مضاف إليه شبه جملة خبر مقدم.

خائن : مبتدأ مؤخر مرفوع وعلامة الرفع الضمة .

**3ـألا يدخل عليها حرف جر .**

فإن سبقت بحرف جر ألغيت وأهملت ويعرب ما بعدها اسما مجرورا ، مثل :

العلم نور بلاشك . شك : اسم مجرور وعلامة الجر الكسرة .

## أنواع اسم لا :

**1ـ مفرد :** وهو ماليس مضافا ولا شبيها بالمضاف ، ويكون كلمة واحدة حتى ولو دلت على مثنى أو جمع .

إعرابه : اسم مبنى على ما ينصب به فى محل نصب ، مثل :ـ

**( لا مؤمنات كاذبات ، لا مصريين خائنون ).**

**مؤمنات** : اسم لا مبنى على الكسر فى محل نصب .

**مصريين** : اسم لا مبنى على الياء فى محل نصب .

2ـ **مضاف** : وهو ما أضيف إلى اسم آخر بعده يكمل معناه ، ولابد أن يضاف إلى نكرة .

إعرابه : اسم لا النافية للجنس منصوب ، مثل :

( لا **ذا** جهل مقدر ، لا **طالبي** علم مهملون ) .

**ذا** : اسم لا منصوب وعلامة النصب الألف لأنه من الأسماء الخمسة .

**طالبي** : اسم لا منصوب وعلامة النصب الياء لأنه جمع مذكر سالم .

3ـ **الشبيه بالمضاف** : وهو ما يتم معناه بواسطة ما بعده غير المضاف إليه ، فهو يشبه المضاف فى حاجته لما يتمم معناه ، ويخالفه فى أنه لا تتحقق فيه صفات المضاف لفظا ، مثل حذف النون أو التنوين للإضافة .

إعرابه : اسم لا النافية للجنس منصوب ، مثل :ـ لا **مؤديًا** واجبًا مظلوم .

**مؤديًا** : اسم لا النافية للجنس منصوب وعلامة النصب الفتحة .

**فوائد:**

1- يجوز حذف خبر لا النافية للجنس إذا فهم من الكلام ، مثل :-

( لا ريب ـ لا مفر ـ لا شك ـ لا محاله ـ لابد .... الخ )

نقول : العلم نور لا شك.

شك : اسم لا مبنى على الفتح فى محل نصب والخبر محذوف تقديره موجود أو فى ذلك .

2- وقد يحذف أيضا اسم لا إذا فهم من الكلام ، مثل قولنا ( لا عليك ) والتقدير " لا بأس عليك " .

3- تدخل همزة الاستفهام على ( لا ) النافية للجنس ، ويبقى لها جميع أحكام الباب ، مثل :ـ ألا طالب فى المدرسة ؟

طالب : اسم لا مبنى على الفتح فى محل نصب .

**تكرار لا :**

يجوز تكرار لا النافية للجنس ، مثل : لا حول ولا قوة إلا بالله " .

حول : اسم لا مبنى على الفتح فى محل نصب.

قوة : اسم لا مبنى على الفتح فى محل نصب.

**إعراب " لا حول ولا قوة إلا بالله " فيها خمسة أوجه :-**

1.لا نافية للجنس + اسم مبنى.

2.لا عاملة عمل ليس + اسم مرفوع بالابتداء . أو نافية لا عمل لها + مبتدأ .

3.فتح الأول ورفع الثاني .

( " حول" اسم لا مبني – " قوة " اسم لا العاملة عمل ليس مرفوع )

1.رفع الأول وفتح الثاني .

(" حول " اسم لا العاملة عمل ليس مرفوع -" قوة" اسم لا مبني )

1.فتح الأول ونصب الثاني .

(" حول " اسم لا العاملة عمل ليس مرفوع – "لا قوة " لا زائدة للتوكيد , "قوة " معطوف منصوب على محل اسم لا النافية للجنس).

**إعراب " لا إله إلا الله " :-**

ـ(لا) : نافية للجنس تعمل عمل إن .

ـ( إله ) : اسم (لا) مبني على الفتح في محل نصب ,والخبر محذوف ,تقديره (موجود)أو (معبود) .
:
ـ(إلا) : أداة استثناء ملغاة مبنية على السكون لا محل لها من الإعراب .
ـ( الله ) : لفظ الجلالة بدل مرفوع و علامة الرفع الضمة الظاهرة .
أو : لفظ الجلالة مستثنى منصوب و علامة النصب الفتحة الظاهرة .

## خبر لا :

يأتي مفردا ، أوجملة ، أو شبة جملة ، مثل :

ـ لا عامل كسول. ( مفرد )

ـ لا عامل يضيع الوقت . ( جملة فعلية )

ـ لا عامل في المصنع. ( شبه جملة )

## إعراب جملة " لا سيما "

تستخدم " لا سيما " لتفضيل ما بعدها على ما قبلها ، ولجملتها ثلاثة أوجه :

**1) الوجة الأول : (أحب اللغة ولاسيما الأدب ).**

(لا) النافية للجنس.

(سي) اسمها منصوب و علامة النصب الفتحة لأنه مضاف .

(ما) اسم موصول مبنى في محل جر مضاف إليه.

(الأدب) خبر لمبتدأ محذوف مرفوع و علامة الرفع الضمة.

**2) الوجه الثاني : ( أحب اللغة ولاسيما الأدب).**

لا نافية للجنس .

(سي) اسمها منصوب و علامة النصب الفتحة .

(ما) زائدة ليس لها محل من الإعراب.

(الأدب) : مضاف إليه مجرور و علامة الجر الكسرة.

**3) الوجه الثالث :**

إذا جاء الاسم بعد لا سيما ( نكرة ) يجوز أن يرفع على أنه خبر لمبتدأ محذوف أو يجر على أنه مضاف إليه كما سبق ،ويجوز أن ينصب على أنه تمييز ، نقول : أحب الأصدقاء و لاسيما صديقًا .

صديقا : تمييز منصوب و علامة النصب الفتحة .

وخبر لا محذوف دائما تقديره ( موجود ) .

## فائدة

إذا كان اسم "لا" مبنيا , ونعت بمفرد يليه ـ أي لم يفصل بينه وبينه بفاصل ـ جاز في النعت ثلاثة أوجه :

1.البناء على الفتح , مثل : لا رجلَ ظريفَ موجود .

2.النصب مراعاة لمحل اسم "لا" , مثل : لا رجلَ ظريفا موجود.

3.الرفع مراعاة لمحل "لا واسمها", مثل : لا رجلَ ظريفٌ موجود.

وإذا فصل بينهما بفاصل , لم يجز بناء النعت , بل يتعين رفعه أو نصبه .

# الحروف المشبهات بـ"ليس "

## 1.ما الحجازية

تعمل عمل "ليس " : ترفع الاسم وتنصب الخبر ، مثل قوله تعالى :-
" مَا هَذَا بَشَرًا "[38].
ـ هذا : اسم إشارة مبني في محل رفع اسم ما الحجازية .
ـ بشرا : خبر ما الحجازية منصوب وعلامة النصب الفتحة .

### شروط عملها

1.ألا يقترن اسمها بإن الزائدة ، مثل قول الشاعر :ـ

بني غداته ما إنْ أنتم ذهب ولا صريف ولكن أنتم الخزف
ـ ( أنتم ذهب ) مبتدأ وخبر , و(ما) لا تعمل بسبب اقتران اسمها بـ(إن)
الزائدة

1.ألا ينتقض نفيها بألا ، مثل قوله تعالى :ـ" وَمَا أَمْرُنَا إِلَّا وَاحِدَةٌ "[39].
2.ألا يتقدم خبرها على اسمها , مثل قول الشاعر:ـ

وما حسن أن يمدح المرء نفسه ولكن أخلاقا تذم وتحمد
ومثل قولنا :ـ ما قائم إلا زيد .

### 2-لا النافية

تعمل عمل ليس بشروط :

1.ألا ينتقض نفيها بألا . فلا نقول :( لارجل إلا أفضل من زيد ).
2.ألا يتقدم خبرها على اسمها . فلا نقول :(لا قائما إلا زيد).
3.أن يكون الاسم والخبر نكرتين.

مثل قول الشاعر:ـ
تعز فلا **شيء** على الأرض **باقيا** ولا وزر مما قضى الله واقيا
ـ شيء : اسم لا مرفوع وعلامة الرفع الضمة.
ـ باقيا : خبر لا منصوب وعلامة النصب الفتحة .
وقد يأتي الاسم معرفة ، مثل قول الشاعر:ـ

وحلت سواد القلب لا <u>**أنا باغيا**</u> سواها ولا عن حبها متراخيا

## 3ـ لات

تفيد النفي , وهي (لا) النافية زيدت عليها تاء التأنيث . وتعمل عمل ليس بشروط:

1. أن يكون معمولاها لفظ الحين أو ما يرادفه ، مثل : ساعة ،أوان........إلخ.
2. الاكتفاء بأحد الركنين ،وعدم الجمع بينهما ،فإن ذكر الاسم حذف الخبر

وإن ذكر الخبر حذف الاسم،ويكثر معها حذف الاسم،مثل قول الشاعر:

ندم البغاة ولات <u>**ساعة**</u> مندم والبغي مرتع مبتغيه وخيم

ـ ساعة : خبر (لات) منصوب وعلامة النصب الفتحة , والاسم محذوف .

## 4ـ إنْ

قد تأتي "إن" أداة نفي ناسخة تعمل عمل "ليس " فتنصب الخبر وترفع الاسم ، مثل قول الشاعر:

إنْ <u>**هو مستوليا**</u> على أحد إلا على أضعف المجانين

ـ هو : ضمير مبني في محل رفع اسم إنْ .

ـ مستوليا: خبر إن منصوب وعلامة النصب الفتحة.

مثل قول الشاعر:

إنْ المرء ميتا بانقضاء حياته ولكن بأن يبغي عليه فيخذلا

<u>شروط عملها</u>

1ـ التزام الترتيب الأصلي أي لا يتقدم خبرها على اسمها.

2ـ ألا ينتقض نفيها بإلا.

3ـألا يتقدم معمول خبرها على اسمها.

◈◈

# الفصل الثالث
# (الجملة الفعلية )

### *) إعراب الفعل

الأصل فى الأفعال البناء ، على النحو التالى :-

1.الفعل الماضى : يُبنى دائما .
2.الفعل الأمر : يُبنى دائما .
3.الفعل المضارع : يُبنى فى حالتين : -

عند اتصاله بنون النسوة أو نون التوكيد المباشرة .

# الفعل الماضى

الفعل الماضى يبنى دائما وبناؤه كالآتى :

1- يُبنى على الفتح إذا لم يتصل به ضمير ، مثل : ( **حققَ** الرجل هدفه) ،
أو اتصلت به ألف الاثنين ، مثل:ـ ( الطالبان **كتبا** الدرس ) . أو اتصلت به تاء
التأنيث ،مثل:ـ (**كتبت** فاطمة الدرس).

أو اتصلت به أي من ضمائر النصب ,مثل : (أكرمني الرجل )ـ (قتله الطمع
) .

2- يُبنى على الضم إذا اتصلت به واو الجماعة ،مثل : ( المصريون **دافعوا**
عن بلادهم ) .

3- يُبنى على السكون إذا اتصل به ضمير متحرك ( التاء ــ نا ــ نون النسوة )
مثل : ( **قابلتُ ـ قابلنا ـ قابلن** )

<u>فائدة</u> :

الفعل الماضى معتل الآخر بالألف يُبنى على الفتح المقدر ، مثل : ( سعى
المجد إلى النجاح ).

وإذا اتصلت به واو الجماعة حذف منه حرف العلة ، وبُنى على الضم المقدر
على هذا الحرف مثل : سعى ◈ سعوا .

# 2- الفعل الأمر

الفعل الأمر يبنى دائما ، وبناؤه كالآتى :

1. إذا كان الأمر صحيح الآخر يُبنى على السكون ، مثل : ( اذهبْ ) .
2. إذا كان الفعل الأمر معتل الآخر يُبنى على حذف حرف العلة ، مثل :

( ادعُ إلى الخير ـ اتقِ الله ـ ارض بما كتبه الله لك )

1. إذا كان مضارعه من الأفعال الخمسة يُبنى على حذف النون ، مثل :

( اكتبوا الدرس ـ اجتهدى فى عملك ) .

*** قاعدة نحوية**

1- يُبنى الأمر على ما يجزم به مضارعه .
2- يبنى على الفتح إذا اتصلت به نون التوكيد ، مثل : ( اكتبَن الدرس ) .
- ويبقى حرف العلة ( الواو ـ الياء ) ويبنى على الفتحة الظاهرة , مثل :

ادع ادعون . اقض اقضين .

- وإن كان حرف العلة ألفا وجب قلبها ياء تظهر عليها فتحة البناء , مثل :

اسع اسعين .

# 3- الفعل المضارع
## أ ) بناء المضارع

يُبنى فى حالتين :

1. **إذا اتصلت به نون النسوة يُبنى على السكون** ، مثل :

( الطالبات **يكتبن** الدرس ).
**يكتب** : فعل مضارع مبنى على السكون . ونون النسوة ضمير مبنى فى محل رفع فاعل ، والجملة الفعلية فى محل رفع خبر .
**إذا باشرته نون التوكيد يبنى على الفتح** . ونون التوكيد تأتى مفتوحة مشدّدة أو ساكنة . قال تعالى:" لَيُسْجَنَنَّ وَلَيَكُونَ مِنَ الصَّاغِرِينَ "[40] .
ويقصد بالمباشرة هنا هى التى تتصل بالفعل دون أن يفصل بينها وبينه فاصل ، مثل : ( والله **ليفوزن** الحق ) .
**يفوز** : فعل مضارع مبنى على الفتح لاتصاله بنون التوكيد .
وإذا كانت النون غير مباشرة أى فصل بينها وبين الفاعل فاصل يعرب الفعل و لا يبنى ويكون ذلك فى الأفعال الخمسة ، مثل : ( **تعملانّ** ) ( والله **لتعملانّ** بجد ) .
**تعمل** : فعل مضارع من الأفعال الخمسة مرفوع بالنون المحذوفة تخفيفا وألف الاثنين ضمير مبنى فى محل رفع فاعل ، والنون حرف توكيد لا محل له من الإعراب.
**فائدة :** إذا كان المضارع مبنيا وسبقه ناصب أو جازم وجب أن يكون مبنيا في محل نصب أو جزم, مثل : ( الطالبات لن **يكتبن** الدرس ) .
يكتب : فعل مضارع مبني على السكون في محل نصب.(البناء أصل في الأفعال ).

# ب) إعراب المضارع
# أولا : نصب الفعل المضارع

ينصب المضارع فى حالتين :

**1. إذا سُبق بأداة من أدوات النصب ، مثل :**

[ أنْ – لن – كى – حتى – لام التعليل – فاء السببية – لام الجحود – إذن – واو المعية – أو ]

**1. إذا عُطف على فعل مضارع منصوب .**

**فائدة** : الأصل فى المضارع أن ينصب بالحروف الأصلية للنصب : ( أن – لن – إذن – كى ) ، وينصب بأنّ المضمرة بعد ( حتى – لام الجحود – فاء السببية – واو المعية – أو ) .

**1. أنْ :** حرف مصدرى ونصب ، ويقصد بحرف مصدرى أنها تؤول مع ما بعدها بمصدر مؤول له محل من الإعراب ، مثل :( أن **تذاكر** خيرٌ لك ) .

**تذاكر** : فعل مضارع منصوب بعد أن و علامة النصب الفتحة و المصدر المؤول من ( أن تذاكر ) فى محل رفع مبتدأ ، وحرف نصب لأنه ينصب الفعل المضارع .

**1. لن :** حرف نفى ونصب واستقبال ، مثل : ( لن **يفلح** المهمل ) .

**يفلح** : فعل مضارع منصوب و علامة النصب الفتحة .

**1. كى :** حرف مصدري ونصب ، مثل :- ( يجتهد الطالب كى **يحقق** هدفه ) .

**يحقق :** فعل مضارع منصوب و علامة النصب الفتحة .

ـ و إذا سبقت بحرف الجر " اللام " فإنها أيضا حرف مصدر ونصب ، مثل :

( قرأت كثيرا لكى **أجد** السبيل إلى المعرفة ) .

**أجد** : فعل مضارع منصوب و علامة النصب الفتحة .

**فائدة** : تأتى " كى " حرف تعليل وجر إذا فصل بينها وبين الفعل ( أنْ المصدرية ) ، مثل :

فقالت أكلَّ الناس أصبحتَ مانحًا لسانك **كيما** أنْ تَغُرَّ وتخدعا

( كى ) حرف جر لتوسط ( أن ) بينها وبين الفعل .

1. **لام الجحود والإنكار** : تفيد النفى المؤكد ولابد أن تسبق يكون منفى أى تقع بعد ( ما كان) أو ( لم يكن ) , مثل : ( ما كان البخيل **لينفق** ماله ) .

ينفق ◈ فعل مضارع منصوب و علامة النصب الفتحة .

1. **لام التعليل** : وهى التى يكون ما بعدها سببا لما قبلها ، مثل :

( منحته المال **لينفق** منه ) ، ( سافرت **لأبحث** عن الراحة ) .

1. **حتى** : وتدل على الغاية أو التعليل , مثل :

( يذاكر الطالب حتى **تشرق** الشمس ) [ الغاية ] بمعنى ( إلى ).

( يذاكر الطالب حتى **ينجح** ) [ التعليل] بمعنى ( كى )

ويشترط أن يكون الفعل بعدها مستقبلا بالنسبة لما قبلها .

ـ سافر صديقي حتى لا **أراه** ( فعل مضارع مرفوع لأنها فقدت الشرط ).

1. **واو المعية** : تدل على مصاحبة ما بعدها لما قبلها ، وتكون بمعنى ( مع ) ، وتسبق بنفى أو طلب , مثل :

ـ( لا تأكل و**تتكلم** ) . (سبقت بنهى ـ طلب )

ـلا تنه عن خلق و**تأتى** مثله عار عليك إذا فعلت عظيم

(سبقت بنهى ـ طلب )

ـألم أك جاركم و**يكون** بينى وبينكم المودة والإخاء

( سبقت باستفهام ـ طلب )

ـ هل أكرمك و**تذمني** ؟ ( سبقت باستفهام ـ طلب )

1. **فاء السببية** :

ما بعدها يترتب على ما قبلها(ما قبلها يكون سببا فيما بعدها) .

وتسبق بنفى أو طلب ( الأمر ــ النهى ــ الدعاء ــ الاستفهام ــ التمنى ــ الرجاء ــ العرض ــ التحضيض) ،مثل : ـ( لا تهملوا **فتندموا** ). ( سبقت بــ طلب / نهى )

**تندموا** : فعل مضارع منصوب وعلامة النصب حذف النون لأنه من الأفعال الخمسة . واو الجماعة ضمير مبنى فى محل رفع فاعل .

ـ قال تعالى :" يَا لَيْتَنِي كُنتُ مَعَهُمْ **فَأَفُوزَ** فَوْزاً عَظِيماً "[41] .

( سبقت بطلب ــ التمنى ).

ـ ما قصرت**فأندم** ( سبقت بنفى ) .

<u>**فائدة**</u>

ـ **العرض** : طلب الأمر برفق ( أَلَا).

ـ **التحضيض** : طلب الأمر بقوة ( هلّا ).


1.<u>**لام العاقبة**</u>:وتسمى أيضا ( لام الصيرورة ) ، ( لام المآل ) وهى التى يكون ما بعدها غير متوقع ، فهو مفاجئ غير منتظر ، مثل قوله تعالى :


" فَالْتَقَطَهُ آلُ فِرْعَوْنَ **لِيَكُونَ** لَهُمْ عَدُوّا وَحَزَنا "[42]

**يكون** : فعل مضارع منصوب وعلامة النصب الفتحة .

ومثل : ( صعد الرجل قمة الجبل **ليسقط** سقوطا مؤلما ) .


1.<u>**إذن**</u>:حرف جواب وجزاء ، لذلك فهى تأتى فى جواب كلام سابق ، مثل :


( سوف أزورك الليلة ، إذن **أكرمك** ) .

**أكرم** : فعل مضارع منصوب وعلامة النصب الفتحة والفاعل ضمير مستتر تقديره ( أنا ) ، والكاف ضمير مبنى فى محل نصب مفعول به .

<u>**ويشترط لها ثلاثة شروط :**</u>


1.أن تقع فى أول جملة الجواب ، فإذا لم تقع يرفع الفعل بعدها ، مثل :


( الطالب يذاكر ، الطالب إذن ينجح ) . ينجح : فعل مضارع مرفوع .

1.أن يكون الفعل بعدها مستقبلا ، لا يدل على الحال .

2.أن تتصل بالفعل بعدها ، فلا يفصل بينهما فاصل ، وإلا يرفع الفعل

بعدها . مثل : ( يجتهد الطالب إذن فى المستقبل ينجح )

ويستثنى من ذلك الفصل بالقسم ، مثل :

( سوف أخلص العمل إذن ـ والله ـ يكرمك الله ) .

1.أو : وتكون بمعنى ( إلى ) إذا دلت على الغاية ، أو تكون بمعنى ( إلاّ ) إذا دلت على

استدراك . مثل قول الشاعر :

لأستَسْهِلن الصعب أو أُدْرك المنى فما انقادت الآمالُ إلا لصابر

أدرك : فعل مضارع منصوب و علامة النصب الفتحة. ( أو هنا بمعنى ( إلى )

تدل على الغاية ) .

ومثل قول الشاعر :

وكنتُ إذا غمزتُ قناةَ قوم كسرتُ كُعوبها أو **تستقيما**

( أو هنا بمعنى إلاًّ ) .

**ثانيا . ينصب الفعل المضارع بعد أحد حروف العطف ( الواو ـ الفاء ـ أو ـ ثم )**

ـ مثل قوله تعالى : " وَمَا كَانَ لِبَشَرٍ أَنْ يُكَلِّمَهُ اللهُ إِلاَّ وَحْياً أَوْ مِنْ وَرَاءِ حِجَابٍ أَوْ **يُرْسِلَ** رَسُولاً "[43] .

ـ عليك ألا تهملَ أو **تتخاذلَ** .

***علامات نصب الفعل المضارع**

1.الفعل المضارع صحيح الآخر ينصب بالفتحة الظاهرة ، مثل :

( أن **تجتهدَ** خير لك ) .

**1.الفعل المضارع معتل الآخر :-**

أ ) بالواو أو الياء علامة النصب الفتحة الظاهرة ( لن **يدعو** الرجل إلى الشر )

.

ب) بالألف ، علامة النصب الفتحة المقدرة ، مثل :

( يجب عليك أن **تخشى** الله ) .

**1.الفعل المضارع من الأفعال الخمسة ، علامة النصب حذف النون ،**

مثل : ( ما كان المصريون **ليهملوا** واجبهم ) .

# * ثانيا : جزم المضارع

**أولا : أدوات تجزم فعلا واحدا :- ( لم ــ لما ــ لام الأمر ــ لا الناهية )**

ـ **لم** : يُطلق عليها حرف ( نفى و جزم وقلب ) وذلك لأنها تجزم المضارع وتنفيه وتقلب معناه للماضى . تفيد نفى الماضى مطلقا ولا شأن لها بالمستقبل ، مثل :

ـ( لم **يقل** الرجل إلاَّ الصدق ) .

يقل : فعل مضارع مجزوم وعلامة الجزم السكون وحذفت الألف لالتقاء ساكنين .

2ـ **لما** : حرف نفى وجزم وقلب ، لأنها تجزم المضارع وتنفيه ، وتقلب معناه للماضى . ـ تنفى الماضى حتى زمن التكلم ، مع توقع حدوثه فى المستقبل، مثل قوله تعالى: " قَالَتِ الْأَعْرَابُ آمَنَّا قُلْ لَمْ تُؤْمِنُوا وَلَكِنْ قُولُوا أَسْلَمْنَا وَلَمَّا **يَدْخُلْ** الْإِيمَانُ فِي قُلُوبِكُمْ"[44] .

3ـ **لام الأمر** : تطلب الفعل وتأتى بمعنى الفعل الأمر ، مثل :-

( **لتجتهد** فى عملك ) بمعنى ( اجتهد فى عملك )

تجتهد : فعل مضارع مجزوم وعلامة الجزم السكون .

4ـ **لا الناهية** : تطلب ترك الفعل بمعنى ( لا تفعل ) ، مثل :- ( لا **تنس** واجبك )

تنس : فعل مضارع مجزوم وعلامة الجزم حذف حرف العلة .

## علامات الجزم

1.**السكون** : إذا كان الفعل صحيح الآخر, مثل : لا تهمل . وإذا كان الفعل مضعف الآخر ولم يفك تضعيفه يبنى على السكون المقدر , مثل : لم يمدُّ .

2.**حذف حرف العلة** : إذا كان الفعل معتل الآخر مع ضبط الحرف الأخير بنفس حركته قبل الحذف , مثل : لم يسعَ ــ لم يدعُ ـ لم يقضِ.

3.**حذف النون** : إذا كان من الأفعال الخمسة, مثل : لاتذهبي ــ لم يهملوا .

# ثانيا : جزم الفعل المضارع فى جواب الطلب

يجزم المضارع إذا تقدم عليه ما يدل على الطلب مثل : ( الأمر – النهى ).
مثل :

- ( اجتهد **تحققْ** ما تريد ) تحقق: فعل مضارع مجزوم في جواب الطلب .
[ فعل أمر ( طلب ) + فعل مضارع مجزوم فى جواب الطلب ] .
**وذلك بشروط** :

1. أن يتقدم الطلب .
2. أن يكون الفعل المضارع مترتبا على الطلب .
3. أن يكون الفعل المضارع أمرا محبوبا .

مثل : ( لا تهمل **تسمِ** منزلتك ) .
تسم : فعل مضارع مجزوم فى جواب الطلب وعلامة الجزم حذف حرف العلة .
وقد تحققت شروط الجزم ، فهو مترتب على الطلب وأمر محبوب . ومثل :
**الأمر** ❖ اتق الله **تنلِ** النجاح. الصدق تنل الجنة. (الزم الصدق)
**الاستفهام** ❖ أين يكمن الجواب **نفهمه**
**التمنى** ❖ ليت الشباب يعود **نفرح** به .
**الترجي** ❖ لعلك تجتهد **تحقق** هدفك .
**العرض** ❖ ألا تذهب إلى المسجد **نذهب** معك .
**التحضيض** ❖ هلا تقرأ القصيدة **نقرأ** معك .
**أما قولنا** : ( اكتب الدرس **يأتى** صديقك ) .
**يأتى** : فعل مضارع مرفوع وعلامة الرفع الضمة المقدرة ، لأنه غير مترتب على الطلب .

- ( لا تقترب من الأسد **يفترسك** ) .
**يفترس** : فعل مضارع مرفوع وعلامة الرفع الضمة، والضمير مبنى فى محل نصب مفعول به ، لأنه أمر غير محبوب .

**ثالثا : أدوات تجزم فعلين ( أدوات الشرط الجازمة )**

وهى : ( من ـ ما ـ مهما ـ متى ـ أيان ـ أنى ـ حينما ـ أى ـ إن ـ أين ـ كيفما ـ أينما ـ إذ ما )

ويتكون أسلوب الشرط من : [ أداة الشرط + فعل الشرط + جواب الشرط ] .

**1. إنْ** : وهى من الحروف ، مثل : ( إن **تفعل** المعروف **تلق** الجزاء الطيب )

**تفعل** : فعل مضارع مجزوم ، فعل الشرط و علامة الجزم السكون .

**تلق** : فعل مضارع مجزوم جواب الشرط و علامة الجزم حذف حرف العلة .

**1. من** : اسم شرط للعاقل ، وتُعرب فى الغالب مبتدأ وخبرها مجموع جملتى الشرط وجوابه .

قال تعالى : " فَمَنْ يَعْمَلْ مِثْقَالَ ذَرَّةٍ خَيْرًا يَرَه "[45] .

**1. ( ما ـ مهما )** : لغير العاقل ، مثل قوله تعالى : " وَمَا تَفْعَلُوا مِنْ خَيْرٍ يَعْلَمْهُ اللهُ "[46] .

ما : اسم الشرط جازم فى محل نصب مفعول به مقدم .
ومثل : أغَرَّك منِّى أنَّ حبّكَ قاتلى وأنك مهما **تأمرى** القلب **يفعل**
مهما : اسم شرط جازم مبنى على السكون فى محل رفع مبتدأ .

**1. ( متى ـ أيان )** : للزمان ، مثل :

( متى **تسافرْ تجدْ** الراحة )
متى : اسم شرط جازم مبنى على السكون فى محل نصب ظرف زمان .
ومثل : ( أيان **تخلص** العمل **تجد** الجزاء الطيب ) .

**1. ( أين ـ أنّى ـ حيثما )** للمكان ، مثل قوله تعالى :ـ " أَيْنَمَا تَكُونُوا يُدْرِككُمُ الْمَوْتُ "[47] .

أين : اسم شرط جازم مبنى على الفتح فى محل نصب ظرف مكان ، وما زائدة .

1. **أىّ** : بحسب ما تضاف إليه ، فهى تأتى للعاقل ولغيره ، أو للزمان أو للمكان ، وتعرب حسب موقعها وهى تلازم الإضافة ، مثل : ( أى طالب **يجتهد ينجح** ) .

وإذا حذف المضاف إليه استعيض عنه بالتنوين ، قال تعالى : " أَيّاً مَا **تَدْعُوا فَلَهُ الأَسْمَاءُ** الْحُسْنَى "[48] .

أيا : اسم شرط جازم مفعول به مقدم منصوب لـ ( تدعو ) وعلامة النصب الفتحة الظاهرة و ( ما ) زائدة .

1. **كيفما** : وتدل على الحال ، مثل :( كيفما **تعامل** الناس **يعاملوك** ) .

كيف : اسم شرط جازم مبنى فى محل نصب حال ، وما ( زائدة ) .

1. **إذ ما** : وهى من الحروف أيضا ، مثل قول الشاعر :

إنك إذْ مَا **تأت** ما أنت آمرٌ به **تُلف** من إيَّاهُ تأمر آتيا

**إذا ما** : أداة الشرط .
**تأت** : فعل الشرط مجزوم .
**تلف** : جواب الشرط مجزوم .
**ملحوظة مهمة** : كل أدوات الشرط مبنية ما عدا " أى " فهي معربة.

# أدوات الشرط الغير جازمة

وهى التى تربط بين جملتين ،جملة الشرط وجملة الجواب ، لكنها لا تجزم الأفعال . وهى :- ( **لو ـ لولا ـ إذا ـ كلما ـ لمّا الحينية** ) .

1.**لو** : ( حرف امتناع لامتناع ) ، تفيد امتناع حدوث الجواب لامتناع الشرط ، مثل قوله تعالى : " وَلْيَخْشَ الَّذِينَ لَوْ تَرَكُوا مِنْ خَلْفِهِمْ ذُرِّيَّةً ضِعَافاً خَافُوا عَلَيْهِمْ فَلْيَتَّقُوا اللَّهَ وَلْيَقُولُوا قَوْلاً سَدِيدا "[49] .

**فائدة** إذا جاء بعد ( لو ) المصدر المؤول من ( أنّ واسمها وخبرها ) يعرب فاعلا لفعل محذوف . مثل قول الشاعر :

ولــو أنّ ليــلى الأخيــلة ســلِمتْ علــيّ ودونــى

جَنْـــــــدل وصفائــح

لسلمت تسليم البشاشة أو زقا إليها صدى من جانب القبر صائح

1.**لولا** : ( حرف امتناع لوجود ) امتنع الجواب لوجود الشرط ، مثل :

( لولا الله ما اهتدينا ).

1.**إذا** : ( ظرف لما يستقبل من الزمان ) وتكون جملة الشرط فى محل جر مضاف إليه , مثل : ( إذا صام الرجل أفلح ).

2.**كلما** :تفيد الاستمرار وتدل على تكرار الجواب كلما تكرر الشرط ، قال تعالى:-

" كُلَّمَا دَخَلَ عَلَيْهَا زَكَرِيَّا الْمِحْرَابَ وَجَدَ عِنْدَهَا رِزْقا "[50] .

وهى منصوبة على أنها ظرف زمان ، ويشترط فى شرطها وجوابها أن يكونا ماضيين .

1.( **لمّا الحينية** ) : بمعنى (حين) تفيد تعليق الجواب على الشرط،قال الشاعر :

ولمّا صار وُدُّ الناس خِبَّا جزيت على ابتسامٍ بابتسامِ

وهى مبنية على السكون فى محل نصب ظرف زمان ، ولا يليها إلا الفعل الماضى .

**فائدة: أما : حرف تفصيل يقوم مقام أداة الشرط وفعله ، وتلزم الفاء جوابها** ، مثل : ( أما السعى إلى النجاح فإنه عظيم ) .

# اقتران جواب الشرط بالفاء

<u>يُقترن جواب الشرط بالفاء فى الحالات الآتية :</u>

1. <u>الجملة الاسمية</u> :

مثل : ( إنْ تجتهد **فالنجاح حليفك** )

( النجاح : مبتدأ , حليف : خبر , والجملة الاسمية جواب الشرط)

- ( من يخلص العمل فإنه من الفائزين ),( إن تفعل الخير فلا شك في فوزك )

<u>الجملة الطلبية</u>: مثل : ( الأمر – النهى – الاستفهام............. )

مثل : ( من يتق الله **فاتبع** سبيله ) .

( اتبع : فعل أمر جملة طلبية جواب الشرط)

1. <u>الفعل الجامد</u> : مثل : ( عسى – ليس – نعم – بئس ...... )

مثل : ( من يؤد الأمانة **فنعم** الرجل ) . ( نعم : فعل جامد جواب الشرط) .

2. <u>الجملة التى يأتى فى أولها</u> : ( ما – لن – قد – السين – سوف ) .

مثل ( من يسع فى الخير **فسوف ينال الخير** ) .

من ◈ اسم شرط مبنى على السكون فى محل رفع مبتدأ .

يسع ◈ فعل مضارع مجزوم وعلامة الجزم حذف حرف العلة .

ينال ◈ فعل مضارع مرفوع وعلامة الرفع الضمه والفاعل ضمير مستتر تقديره هو . الخير ◈ مفعول به . والجملة الفعلية فى محل جزم جواب الشرط والخبر مجموع جملتى الشرط والجواب .

**فائدة** : **قد جمعت حالات اقتران جواب الشرط بالفاء فى قول الشاعر :**

**اسميه طلبية وبجامد وبما ولن وقد وبالتسويف**

<u>ملحوظة مهمة</u>

1. إذا كان جواب الشرط مقترنا بالفاء بعد أداة شرط جازمة فإن الفعل المضارع يكون مرفوعا بعد الفاء إلا إذا سبق بـ ( لن – لا الناهية– لام الأمر ) وتكون الجملة الفعلية فى محل جزم جواب الشرط.

2. **يقترن جواب الشرط بالفاء أيضا إذا كان الجواب مقرونا بحرف له الصدارة، مثل : رُبّ وكأنّ , مثل :( إن تسع فى الخير فربما تواجهك صعاب ) .**

**3.وقد تحذف الفاء فى الضرورة مثل :**

من يفعل الحسنات الله يشكرها والشر بالشر عند الله مِثلان

**1.ويجوز أن تُغني " إذا " الفجائية عن الفاء ، إن كانت الأداة ( إنْ ) ، والجواب جملة اسمية غير طلبية , مثل قوله تعالى :**

" وإن تصبهم سيئة بما قدمت أيديهم إذا هم يقنطون "[51] .

**1." إذا " الفجائية : حرف ، خاصة بالجمل الاسمية ، ولا تحتاج إلى جواب معناها الحال ، ولا يبتدأ بها .**

## فائدة

1ـ **حذف جملة الشرط:** قليل فى اللغة ، وغالبًا يكون مع ( إنْ ) وبعدها ( لا النافية ) مثل :ـ ( اجتهد وإلاً تندم ) والتقدير ( و إلا تفعل تندم ) .

2ـ **حذف جملة الجواب:** وهو كثير فى اللغة ، مثل قوله تعالى :

" فَإِنْ اسْتَطَعْتَ أَنْ تَبْتَغِيَ نَفَقاً فِي الأَرْضِ أَوْ سُلَّماً فِي السَّمَاءِ " [52] .

والتقدير [ فافعل ] . ويحذف كذلك إذا تقدم القسم عليه ، مثل :

( والله إن تمكنت لأصنعن المعروف ) .

<u>**إعراب أسماء الشرط :**</u>

1.**إذا وقعت الأداة بعد حرف جر أو مضاف فهي في محل جر ، مثل : "**
عما تبحث أبحث "

2.**إذا وقعت على زمان أو مكان** ( متى ، أيان ، أينما ، أنى ، حيثما ، أى
مضافة للزمان أو المكان ) يكون إعرابها كالتالي :-

ـ فعل الشرط فعل تام ◈ الأداة فى محل نصب ظرف :
( **متى** تسافر أسافر معك )
ـ فعل الشرط فعل ناقص ◈ الأداة فى محل نصب خبر :
( **أينما** تكون مجتهدا تنل النجاح )

1.**( كيفما ) + فعل تام ◈ فى محل نصب حال .**

( كيفما تعامل الناس يعاملوك )
**كيفما + فعل ناقص ◈ فى محل نصب خبر .**
( كيفما تكن سعيدًا تكن الأشياء جميلة )

1.**أداة الشرط تقع على ذات + فعل الشرط اللازم أو الناقص أو المتعدى
واستوفى فهي مبتدأ وخبره جملة الشرط أو الجواب أو هما .**

مثل ( من يسافر يجد الراحة ) . ( مبتدأ )
ـ **وإن كان متعديا غير مستوفى لمعموله فهي مفعول به ، مثل :**
( أي كتاب تقرأ أقرأ )
أي : لغير العاقل مفعول به ، لأن فعل الشرط متعد ، ولم يستوفى معموله .

# ثالثا : رفع الفعل المضارع

**يرفع في موضعين** :-

1.إذا لم يسبق بناصب أو جازم ، مثل:- **يدافع** المصري عن بلاده.
2.إذا عطف على فعل مضارع مرفوع ،مثل :- الرجل **يخلص ويتقن** العمل

## علامات رفع المضارع

1.**الضمة الظاهرة** :- مع الفعل صحيح الآخر ،مثل :- **يكرم** المؤمن جاره.
2.**الضمة المقدرة** :- مع الفعل معتل الآخر ،مثل :- **يسعى** الرجل في الخير

3.**ثبوت النون** :- مع الأفعال الخمسة ، مثل :- المخلصون **يفوزون** دائما .

# توكيد الفعل بالنون

<u>أولا : الفعل الماضى</u> :

لا يؤكد بالنون لأن زمنه مضى ، مثل : ( فاز المؤمنون ).

<u>ثانيا : الفعل الأمر</u> :

يجوز توكيده بالنون لأنه يدل على الاستقبال ، ويبنى على الفتح , مثل :

1- **اذهب** إلى المدرسة. ◁ **اذهبن** إلى المدرسة .

2- **اسع** فى الخير . ◁ **اسعين** فى الخير. يرد الحرف المحذوف , مثل: (قل ◁ قولن ),(نم ◁ نامن),(خف ◁ خافن ), ( عِ أصله وعى ◁ عِينّ).

<u>ثالثًا : الفعل المضارع</u> :

**له ثلاث حالات :**

أ ) <u>**واجب التوكيد بالنون**</u> : إذا تحققت فيه الشروط الآتية :

( أن يقع جوابا للقسم ـ أن يكون متصلا بلام القسم ـ أن يدل على الاستقبال ـ أن يكون مثبتا )

مثل : 1- يمين الله **لأجتهدن** فى عملى .

2- والله **ليدافعن** الوطنى عن أرضه .

ب) <u>**ممتنع التوكيد بالنون**</u> :

إذا فقد شرطا من الشروط السابقة ، مثل :

1. **يحقق** المجتهد هدفه . ◁ فقد شرط القسم ولم يتصل باللام .

2. والله لسوف **يفوز** الحق. ◁ فصل بينه وبين اللام فاصل .

3. والله لن **ينتصر** الباطل. ◁ الفعل غير مثبت .

جـ) <u>**جائز التوكيد بالنون**</u> :

إذا سبق بطلب : ( الأمر ـ النهى ـ الاستفهام ـ التمنى ـ الترجى ـ ...)، مثل :

◁ **لتصنع** المعروف. أو **لتصنعن** ..................... ( سبق بأمر ) .

◁ لا **تجادل** الأحمق . أو **تجادلن** ..................... ( سبق بنهى ) .

◁ ليت السلام **ينتشر**. أو **ينتشرن** ..................... ( سبق بالتمنى ).

◁ هل **تخلص** العمل ؟ أو **تخلصن** ..................... ( سبق باستفهام ).

◁ ألا **تذهب** إلى المدرسة . أو **تذهبنّ**.................. ( سبق بعرض ).

◁ هلا **تخلص** العمل . أو هلا **تخلصنّ** العمل ..... ( سبق بتحضيض ).

<u>**و من أحكام توكيد الفعل بالنون أيضا**</u>:ـ

**1.يكون قريبا من الواجب إذا كان شرطا لان المؤكدة بما الزائدة** نحو قوله تعالى:ـ " فإما ترين من البشر أحدا فقولي إني نذرت للرحمن صوما"[53] .

**2.ويكون قليلا إذا جاء بعد لا النافية أو ما الزائدة التي لم تسبق بان الشرطية** ، مثل قوله تعالى :ـ

" واتقوا فتنة لا **تصيبين** الذين ظلموا منكم خاصة "[54] .

**1.ويكون أقل إذا كان بعد (لم ) وبعد أداة جزم غير (إما ) ,شرطا كان المؤكد أو جزاء** , مثل :ـ

يحسبه الجاهل ما لم **يعلما** شيخا على كرسيه معمما ( يعلمن ) .
**(حكم آخر الفعل المؤكد بالنون)**

**1.الفعل صحيح الآخر لا يحذف منه شيء** : ( والله ليجتهدن الطالب ) .
**2.الفعل +ألف الاثنين = تحذف نون الرفع لتوالي الأمثال وتكسر نون التوكيد .**

مثل : يكتب ◈ ( لتكتبان الدرس ) .
لتكتبان : فعل مضارع مرفوع بثبوت النون المحذوفة كراهية توالي الأمثال .

**1.الفعل صحيح الآخر + واو الجماعة = تحذف نون الرفع وأيضا واو الجماعة .**

مثل : تجاهدون ◈ ( والله لتجاهدن ..... ) .

**1.الفعل معتل الآخر + واو الجماعة .**

<u>عين الفعل مضمومة أو مكسورة</u>

| <u>العين المفتوحة</u> | عين الفعل مضمومة أو مكسورة |
|---|---|
| تحذف لام الفعل فقط وحركت واو الجمع بالضمة | تحذف لام الفعل وواو الجماعة ونون الرفع |
| تخشى .. لتخشَوُنَّ . | يقضي ◈ لتقضُنَّ . |
|  | يغزو ◈ لتغزُنَّ . |

**1.الفعل + ياء المخاطبة = تحذف الياء والنون**

مثل : تجتهدين ◇ لتجتهِدِنّ ، لتغزِنّ ، لترمِنّ .

**وإذا كان الفعل ناقصا وكانت عينه مفتوحة◇تبقى ياء المخاطبة محركة بالكسر مع فتح ما قبلها : ( لتخشَيِنّ .... ) .**

**1.الفعل + نون النسوة : زيدن ألف بينها وبين نون التوكيد وكسرت نون التوكيد لوقوعها بعد الألف : لتنصرفانّ يا طالبات المدرسة .**

**ملحوظة مهمة : الفعل الأمر مثل المضارع في الحكام السابقة .**

# الفاعــــــل

عرف النحاة الفاعل بقولهم : " اسم صريح أو مؤول به ، أسند إليه فعل أو شبيه به ، مقدم عليه بالأصالة واقعًا منه أو قائمًا به " .

1. **الفاعل اسم صريح ظاهر أو مستتر أو مصدر مؤول** ، مثل : (تفوق محمد وقد حقق نجاحا باهرا ) .

- تفوق محمد ◊ محمد ( فاعل ) .
- حقق ◊ الفاعل ضمير مستتر تقديره ( هو ) . - سرني أنك ناجح ◊ المصدر المؤول ( أنّ + الاسم + الخبر ) في محل رفع فاعل .

1. **يسبقه الفعل أو شبه الفعل ( اسم فاعل ، صيغة مبالغة ، صفة مشبهة ، .... الخ ) .**

مثل : - أمطرت السماء . ( فعل + فاعل ) .
- أفاهم محمد الدرس ؟ ( اسم فاعل + فاعل ) .

1. **هو الذى يقوم بالفعل أو ينسب إليه الفعل دون أن يعمله** ، مثل :

( كتب الطالب الدرس ) ◊ ( الطالب قام بالفعل وهو الكتابة ) .
( تحطمت الطائرة ) ◊ ( الطائرة فاعل نُسب إليها الفعل ) .

1. **حكمة الرفع** ، مثل : سافر المتفوقون تقديرا لهم .

( فاعل مرفوع وعلامة الرفع الواو لأنه جمع مذكر سالم ) .

### فائدة

(1) **يحذف الفعل وجوبا بعد أداتى الشرط ( إنْ ـ إذا ) إذا جاء بعدهما اسم مرفوع ، وقد تأخر عن مفسر للمحذوف** ،مثل قوله تعالى :" وَإِنْ أَحَدٌ مِنْ الْمُشْرِكِينَ اسْتَجَارَكَ فَأَجِرْهُ حَتَّى يَسْمَعَ كَلَامَ اللَّهِ "[55] .
أحد ◊ فاعل مرفوع وعلامة الرفع الضمة والفعل محذوف تقديره ( استجارك ) .

( 2 )الأصل فى اللغة أن يبقى الفعل مفردا دائما فلا يثنى ولا يجمع فى بداية الجملة , مثل :

ـ قرأ المتفوق الدرس ـ قرأ المتفوقان الدرس ـ قرأ المتفوقون الدرس .

# تأنيث الفعل

**كيفية تأنيث الفعل :**
أ ) الفعل الماضى : تتصل به تاء التأنيث ،مثل: ( ذهبت فاطمة إلى المدرسة ) .
ب) الفعل المضارع : تأتى ( التاء ) فى أوله،مثل :( تذهب فاطمة إلى المدرسة
). **المؤنث الحقيقى** : كل ما يلد أو يبيض, مثل:( أسماء ـ البقرة ـ الحمامة ـ ...... )
ـ **المؤنث المجازى** : هى كل ما لا يلد ولا يبيض ، مثل :
( شجرة ـ شمس ـ مدرسة ـ .... )
**وجوب تأنيث الفعل :**

1.**أن يكون الفاعل مؤنثًا حقيقى التأنيث ، ولم يفصل بينه وبين الفعل**
فاصل، مثل : ( سافرت فاطمة إلى القاهرة ) .
2.**أن يكون الفاعل ضميرًا مستترًا أو ضميرًا متصلًا يعود على مؤنث،**
مثل :

( الطالبة كتبت الدرس ).
**جواز التأنيث :**

1.**أن يكون الفاعل مؤنثا حقيقى التأنيث ولم يتصل بالعامل ، بل فصل**
بينهما ، مثل : ( ذهبت إلى القاهرة فاطمة ) .
2.**أن يكون الفاعل مؤنثا مجازى التأنيث ، مثل :**

( أثمرت الشجرة ) أو ( أثمر الشجرة ) .

1.**أن يكون الفاعل جمع تكسير ، مثل : ( جاء الهنود ) أو ( جاءت الهنود )**
.

2.**مع نعم أو بئس، مثل : ( نعمت المرأة هند ) أو ( نعم المرأة هند ) .**

**ملحوظة مهمة** : إذا فصل بين الفعل والفاعل المؤنث بـ" إلا " لم يجز التأنيث
عند الجمهور .
فنقول : " ما طلع إلا الشمس" . ولا يجوز " ما طلعت إلا الشمس " .

# النائب عن الفاعل

"اسم مرفوع وقع بعد فعل غير معروف ــ مجهول ــ فاعله ، أو بعد اسم المفعول ، أو الاسم المنسوب " . مثل :

1. قيل **الحق** . ◈ الحق ◈ نائب فاعل مرفوع .
2. ما مفهوم **كلامك** . ◈ كلام ◈ نائب فاعل مرفوع بعد اسم مفعول .
3. أعربيّ **الرجل** ؟ ◈ الرجل ◈ نائب فاعل مرفوع بعد اسم منسوب .

## أشكاله :

1. **اسم ظاهر** ◈ يُكرم الصادق .
2. **ضمير** ◈ بودئت بالتحية .
3. **مصدر مؤول** ◈ يُفضل ( أن تجتهدوا ) .
4. **الظرف أو الجار والمجرور** ◈ صِيمَ زَمَنٌ طويلٌ .

## أغراض البناء للمجهول :

1. **للجهل بالفاعل** ، مثل : ( سُرق المتاع ) .
2. **للعلم بالفاعل** ، مثل قوله تعالى : " خُلِقَ الإنسَانُ مِنْ عَجَلٍ "[56] .
3. **للاهتمام بالحدث وصرف النظر عن الفاعل ، لأنه ليس من المفيد علمه أو جهله** مثل :

( يُكرم الغريب لوحدته ) .

1. **لاستقامة موسيقى الكلام فى السجع أو الشعر** ، مثل :

وما المال والأهلون إلا ودائع ولا بد يوما أن ترد الودائع

## تحويل الفعل المبنى للمعلوم إلى الفعل المبنى للمجهول :

1. **الفعل الماضى** : يضم أوله ويكسر ما قبل آخره ، مثل : ( كُتِب ، شُرِح ، .... )

ـ إذا بُدئ بتاء زائدة وجب ضم الحرف الثاني أيضا ، مثل : ( تُقُبل ، تُفُضل ... )

ـ الماضى الأجوف ، مثل : صام ،قال،باع .......تقلب عينه ياء (صيم،بيع،قيل) .

ـ إذا كان الحرف الثاني أو الثالث ألفا زائدة قلبت واوا ،مثل:ـ
( جاهد ◊ جوهد ـ تعاهد ◊ تعوهد ـ تعاون ◊ تعوون ) .

ـ إذا كان مبدوءا بهمزة وصل ضُم الثالث مع الأول،مثل: استخرج ◊أُستُخرج .

## 1.الفعل المضارع: يضم أوله ويفتح ما قبل الآخر .

( يفهم ◊ يُفهَم ) ( يمنح ◊ يُمنَح )

ـ المضارع الأجوف تقلب عينه ألفا ، مثل : ( يقول ◊ يقال ),( يبيع ◊ يباع ).

ـ المضارع معتل الاخر بالواو أو الياء يقلب حرف العلة ألفا (ى) , مثل :
( يدعو ◊ يُدعى ), ( يقتضي ◊ يُقتضى ).

## بناء الجملة للمجهول

1.يتم تحويل الفعل المبنى للمعلوم إلى الفعل المبنى للمجهول .

2.يقام المفعول به مقام الفاعل فيُرفع ويعرب ( نائب فاعل ) .

3.لا يُبنى الفعل اللازم للمجهول إلا مع الظرف أو المصدر المتصرفين المختصين بإضافة أو صفة أو المجرور المختص بإضافة أو صفة , مثل :ـ

(سير **يومَ** الجمعة ـ وُقف **أمامَ** المدرسة ـجُلس **جلوسٌ** حسن ـ فُرح **بعودة** المغترب ) .

## أمثلة :

1ـ بايع الناس أبا بكر بالخلافة . ◊ بويع أبو بكر بالخلافة .

2ـ يقول الرجل الحق . ◊ يقال الحق .

3ـقابلني الطلاب بالسعادة . ◊ قوبلت بالسعادة .

## قاعدة نحوية مهمة:

**1.بعض الأفعال الماضية وردت على صورة المبنى للمجهول ، ولا فعل معلوم لها ويعرب ما بعدها فاعلا لا نائب فاعل ، مثل :ـ**

[ حُم ، غُم ، زكم ، جُنّ ، امتقع , عُني , زُهي , فُلج , سُل ، شُدِه (بمعنى دهش وتحير)
.....].

مثل :ـ عُني محمد بحاجتك . (محمد) فاعل مرفوع وعلامة الرفع الضمة .
ـ غُم الهلال . ( الهلال) فاعل مرفوع وعلامة الرفع الضمة .
ـ جُن الرجل . ( الرجل ) فاعل مرفوع وعلامة الرفع الضمة .

**1. أما الأفعال [ تُوفي ـ أُستشهد ـ أُحتضر ) ما بعدها يعرب نائب فاعل .**
مثل :

ـ تُوفي الرجل . ( الرجل ) نائب فاعل مرفوع وعلامة الرفع الضمة .

# الفصل الرابع
# المنصوبات

# 1 ـ المفعول به

ما وقع عليه فعل الفاعل "، مثل : ( شرح الدرسَ المعلمُ ) .

ـ الدرس ◈ مفعول به منصوب وعلامة النصب الفتحة . [ وقع عليه الفاعل ]

ـ المعلم ◈ فاعل مرفوع وعلامة الرفع الضمة [ قام بالفعل ]

**ينقسم الفعل إلى :**

**1- الفعل اللازم** : وهو الذى يكتفى بفاعله ، مثل : ( جاء محمد ) .

**2- الفعل المتعدى**: وهو الذى لا يكتفى بفاعله ويحتاج إلى مفعول به أو أكثر ،

مثل : ـ

أ) ( كتب محمد الدرس ) . [ فعل + فاعل + مفعول به ]

ب) ( ظن محمد الشمس مشرقة ) . [ فعل + فاعل + مفعولين ]

جـ ) ( أعلم محمد الناس الخبر صحيحا ) . [فعل + فاعل + ثلاثة مفاعيل]

**أشكال المفعول به :**

## 1.اسم ظاهر:

مثل : ( فهمت الدرس ) ، ( فهمت ما قاله الرجل ) ، ( فهمت هذا الحديث ) .

ما ◈ اسم موصول مبنى فى محل نصب مفعول به .

## 1.ضمير:

مثل : ( إياك الكسل ) ـ ( أكرمته كثيرا ) .

ـ (إياك) ضمير مبني في محل نصب مفعول به .

ـأكرمته : ( أكرم ) فعل ماض مبنى على السكون ، ( تاء الفاعل ) ضمير

مبنى فى محل رفع فاعل ، (الهاء) ضمير مبنى فى محل نصب مفعول به .

## 1.مصدر مؤول:

مثل : ( استطاع الرجل أن يحقق هدفه ) .

( أن يحقق ) ◈ مصدر مؤول فى محل نصب مفعول به .

**أشكال ثابتة للمفعول به :**

1.الضمائر الآتية [ الكاف ـ الياء ـ الهاء ] إذا اتصلت بآخر الفعل ـ

مثل : ( أكرمته ـ أكرمتك ـ أكرمني ) .

1.[ ما عدا ـ ما خلا ] يعربان فعلين ماضيين وما بعدها يعرب مفعولا به

مثل : ( سافر الطلاب ما عدا **طالبا** ) .

1.المتعجب منه فى صيغة ( ما أفعل ) ، مثل : ( ما أجمل **السماء** ) .
2.المختص فى أسلوب الاختصاص ، مثل : ( نحن ـ **العرب** ـ نحب السلام ) .
3.فى أسلوب الإغراء والتحذير ، مثل : ( **الصلاة** الصلاة يا بنى ) .
4.جملة مقول المقول ، مثل : قال المعلم : " **العلمُ نورٌ** " .
5.بعد ( خاصة , وخصوصا) مثل : أحب الطلاب خاصة **ذا** الأخلاق .
6.الكلمات ( **أهلا ـ سهلا ـ مرحبا** ) والتقدير :

( جئت أهلا ـ وطئت سهلا ـ صادفت مرحبا ) .

## الأفعال التى تنصب مفعولين

**أولا : الأفعال التى تنصب مفعولين أصلهما المبتدأ والخبر**

### 1ـ أفعال اليقين :

[ رأى ـ علم ـ وجد ـ دَرَى ـ ألفى ـ تَعَلْم بمعنى أعلم ] .

### 2ـأفعال الشك أو الظن :

[ ظن ـ حسب ـ زعم ـ خال ـ عَدَّ ـ حَجَا ـ هَبْ بمعنى افرض ] .

### 3ـأفعال التحويل :

[ جعل ـ صيَّر ـ اتخذ ـ تِخِذ ـ ردَّ ـ ترك ـ وَهَب ] .

مثل :

1- ( رأيت الله أكبر كل شيء)

ـ كلمة الله ◈ لفظ الجلالة مفعول به أول منصوب وعلامة النصب الفتحة .

ـأكبر ◈ مفعول به ثان منصوب وعلامة النصب الفتحة .

2- ( ظن المهملُ الفوزَ سهلا ) . ( فعل + فاعل + مفعول به1+ مفعول به 2).

3- ( جعل العامل القطن قماشا ) .( فعل + فاعل+ مفعول به1+مفعول به 2).

### فوائد نحوية :

1.**وجد** : يمعنى علم ، مثل : وجدت <u>الصبر سبيل</u> النجاح .

2.**ألفي** : لا يستعمل إلا مزيدا ، مثل : ألفيت <u>حب الدنيا رأس</u> كل مصيبة .

3.**تعلَّم** : بمعنى أعلم ،تستخدم في الأمر فقط . مثل :

تعلم ( <u>أن النصر</u> مع الصبر ) المصدر المؤول فى محل نصب المفعولين .

1.**درى** : " الأكثر فى درى " أن تتعدى الباء أى إلى واحد .

تقول : " دريت بكذا " فإذا دخلت عليه الهمزة تعدى لأخر بنفسه .

ـ مثل قوله تعالى : " وما أدراك ما القارعة "[57] .

ـ الكاف : ضمير مبني فى محل نصب مفعول به أول ,

ـ " ما القارعة " : جملة اسميه سدت مسد مفعول أدراك الثاني

1.**رأى** : بمعنى علم , وقد تأتي بمعنى " ظن ",قال تعالى :" إنهم يرونه بعيدا

* ونراه قريبا "[58] . [ " يرونه "بمعنى ( ظن ) ] [ "نراه" بمعنى اليقين].

وقد تأتي (رأى) بمعنى الرؤيا في المنام فتنصب مفعولين , مثل قوله

تعالى : ـ" إني أراني أعصر خمرا ........ "[59].

الياء مفعول به أول , وجملة أعصر خمرا في محل نصب المفعول به الثاني .

1. **علم** : بمعنى تيقن مثل : علمت الصدق أفضل الأخلاق .

2. **ظن** : بمعنى الرجحان ,وقد تأتي بمعنى اليقين . ـ قال تعالى : " الذين يظنون أنهم مُلَقُّوا ربهم... "[60].

3. **حسب** : إذا كانت بمعنى " عَدّ " تنصب مفعولا واحدا ,مثل: ( حسبت الكتب في مكتبتي ) .

4. **جعل** : إن كان بمعنى " أوجد " أو " فرض " أو " أوجب " تنصب مفعولا واحدا. مثل :-( جعل الله الشمس والقمر وسائر المخلوقات ) .

ـ( جعل الغنى للفقير مالا )." بمعنى : فرض "

**10- " هبْ "** : بمعنى ( افرض ) , مثل :

ـ (هبني رجلا صالحا) وتستخدم في الأمر فقط. ينصب مفعولا واحدا إذا كان أمرا من الهبة ، مثل :(هبْ بعض الوقت للتأمل ) .

11-أفعال التحويل لا تدخل على " أن "ومعمولها ، ولا على " أن " والفعل مع فاعله.

12-**يجوز حذف المفعولين اختصارا أي لدليل , مثل:**

ـ " أين شركائي الذين كنتم تزعمون " ( أي : تزعمونهم شركائي )

ـ بأي كتاب أم بأي سنة ترى حبهم عارا على وتحسب

( أي : وتحسبهم عارا على )

13- **أجاز بعض النحويين حذف أحد المفعولين اختصارا** ، مثل :

ولقد نزلت فلا تظني غيره مني بمنزلة المحب المكرم

ـ( غير) مفعول به أول ، والثاني محذوف تقديره ( واقعا ) .

ومثال حذف الأول قوله تعالى : " ولا يحسبن الذين يبخلون بما آتاهم الله من فضله هو خيرا لهم "[61]. ( أى : لا يحسبن ما يبخلون به ) .

14- **فعل القول (قال ) يجوز إجراؤه مجرى الظن ؛**فينصب المبتدأ والخبر مفعولين ,كما تنصبهما( ظن ) بشروط:

ـ أن يكون الفعل مضارعا للمخاطب. ـ أن يسبق باستفهام ـأن لا يفصل بينهما بغير ظرف أو جار وجرور , ولا معمول الفعل , مثل : أتقول عمرا منطلقا.

**إذا جاءت ( أنّ واسمها وخبرها ) مع هذه الأفعال فإنها تسد مسد المفعولين ,مثل:- ( رأيت أن الحق منتصر ).**

●**إذا خرجت الأفعال السابقة عن المعاني العامة لها أى لم تكن قلبية أو للتحويل لا تنصب مفعولين ، مثل :-**

ـ لم أعلم شيئا. ( أعلم هنا بمعنى أعرف لا تنصب مفعولين ) .

ـ ظن الرجل جاره. ( ظن هنا بمعنى اتهم لا تنصب مفعولين ) .

ـ رأيت الرجل فى الحقل. ( رأى هنا بمعنى شاهد تنصب مفعولًا به واحدا )

ـ وجد الرجل. ( وجد هنا بمعنى حزن ) .

ـ ألفيت الكتاب في المكتبة. ( ألفى هنا بمعنى وجد تنصب مفعولا واحدا ).


• إذا توسطت هذه الأفعال بين مفعولين أو تأخرت عنهما ألغى عملها،مثل:


( الشمسُ ظننت مشرقة ) . الشمس ◊ مبتدأ , مشرقة ◊ خبر .


• كذلك يبطل عملها فى اللفظ دون التقدير إذا اعترض بين هذه الأفعال وبين المفعولين ماله صدارة الكلام ، مثل :


( أدوات الاستفهام ـ حروف النفى ( ما ـ لا ـ ...) ـ لام الابتداء ـ لام القسم )


مثل : ( أعلم ما الشمسُ مشرقة ) . (مبتدأ + خبر ).

**ثانيا : الأفعال التى تنصب مفعولين ليس أصلهما المبتدأ والخبر**

ـ [ أعطى ـ منح ـ وهب ـ كسا ـ ألبس ـ منع ـ كفى ـ سمى ـ حرم ]

مثل : ( كسا الربيعُ الأرضَ جمالا ) .

(فعل + فاعل + مفعول به1 + مفعول به 2).

( كفى الله المؤمنين شر القتال ) .

(فعل + فاعل + مفعول به1 + مفعول به 2).

**ثالثا : الأفعال التى تنصب ثلاثة مفاعيل**

[ أعلم ـ أنبأ ـ نبّأ ـ أخْبَر ـ خَبّر ـ حَدّث ـ أرى ]

ـ مثل قوله تعالى : " كَذَلِكَ يُرِيهِمُ اللَّهُ أَعْمَالَهُمْ حَسَرَاتٍ عَلَيْهِمْ ". [62]

ومثل : ( أنبأ الرجلُ **صديقه الشمس مشرقة** ) .

(مفعول به 1 +مفعول به 2 + مفعول به 3 ).

## تقديم المفعول به

**1. تقديم المفعول به على الفاعل ( توسط المفعول بين الفعل والفاعل ) .
يجب ذلك فى حالتين :**

أ) أن يتصل الفاعل بضمير يعود على المفعول به . مثل قوله تعالى : " وَإِذْ ابْتَلَى إِبْرَاهِيمَ رَبُّهُ بِكَلِمَاتٍ ". [63] ( فعل + مفعول به + فاعل ) .
ب) أن يكون الفاعل محصورًا بطريقتى ( إنما – إلاَّ ) مثل :
( لا يحقق النجاح إلا المتفوق ) . ( فعل + مفعول به + فاعل )

**1. تقديم المفعول به على الفعل والفاعل ( يجب فى ثلاث حالات ) :-**

أ) أن يكون المفعول به مما له الصدارة فى الكلام مثل :
( أسماء الاستفهام ، أسماء الشرط ) .
مثل : أى درس تكتب تستفد منه – ماذا فعلت ؟
ب) إذا كان المفعول ضمير منفصلا ، مثل قوله تعالى : " إِيَّاكَ نَعْبُدُ وَإِيَّاكَ نَسْتَعِينُ "[64] .
جـ) إذا كان المفعول معمولا لجواب ( أما ) ولا يُفصل بينهما . مثل قوله تعالى : " فَأَمَّا الْيَتِيمَ فَلا تَقْهَرْ ".[65]
**ملحوظة مهمة** : يجوز حذف المفعول به لغرض لفظى أو معنوى .
مثل قوله تعالى : " مَا وَدَّعَكَ رَبُّكَ وَمَا قَلَى "[66] .

# 2 ـ المفعول المطلق

"هو مصدر منصوب فضلة من لفظ الفعل يذكر معه ،لتوكيد المعنى أو بيان العدد أو بيان النوع". مثل : ( انتشر العلم **انتشارا** ) .

ـ ويقصد بكلمة فضله زيادة ، يقع بعد تمام ركنى الجملة الأساسيين :
( الفعل و الفاعل ) أو ( المبتدأ والخبر ) .

ـ **والمصدر يأتى على صور متعددة هى :**

1. **المصدر الصريح ( الأصلى )** : هو الذى يدل على الحدث ، مثل: ( إكرام ، اجتماع , استخراج.............) .
2. **المصدر الميمى:** هو الذى يبدأ بميم زائدة ويدل على الحدث ، مثل : ( موعد / مُستخرَج ).
3. **اسم المرة** : يدل على حصول الحدث مرة واحدة ، مثل ( جَلسْة ، ابتسامة ) .
4. **اسم الهيئة** : يدل على هيئة الحدث حين فعله ، مثل ( مِشْية ، جِلْسة ).

## أنواع المفعول المطلق :

1. **المؤكد لعامله.** يفيد التوكيد مثل : ( اجتهد الطالب اجتهادا ) .

اجتهادا : مفعول مطلق منصوب وعلامة النصب الفتحة .

1. **المبين للنوع:** إذا ذُكر بعده صفة له ، أو مضاف إليه ، مثل :

ـ تَقَّدَّم الوطن **تقدما** عظيما ـــــــــــــ انطلق اللاعب **انطلاق** الأقوياء .

1. **المبين للعدد** : أن يكون المصدر دالا على المرة ، أو يكون مثنى أو مجموعا . مثل قوله تعالى :ـ " وَحُمِلَتِ الأَرْضُ وَالْجِبَالُ فَدُكَّتَا **دَكَّةً** وَاحِدَةً". [67]

ومثل قولنا :( ضربته **ضربتين** ). ( ضربته **ضربات** ).
## عامل المفعول المطلق ( ناصبه )

1. الفعل التام المتصرف مثل : يجتهد الطالب اجتهادا عظيما .
2. المصدر الذي يعمل عمل الفعل ، مثل : ( يعجبني إتقانك العمل اتقانا )
3. الوصف (اسم الفاعل ، اسم المفعول ، أمثلة المبالغة ، الصفة المشبهة التى تعمل عمل الفعل).

ـ قال تعالى " فالزاجرات زجرا "[68].

ـ العربي مظلوم ظلما كبيرا . ـ الرجل كريم كرما عظيما .

**فائدة** : هناك كلمات تعرب مفعولا مطلقا لفعل محذوف منها :

( سمعا وطاعة ـ حمدا لله وشكرا ـ سبحان الله ـ معاذ الله ـ حجا مبرورا ـ عودا حميدا ـ حقا ـ مثلا ـ أيضا ـ خصوصا ـ عموما ـ سعديك ـ لبيك ـ مهلا ) .

## حذف فعل المفعول المطلق

1. **مصدرًا يراد به النهي ويقع بعد مصدر يراد به الأمر** ، مثل : إنصاتا لا كلاما .
2. **مصدرًا يقع موقع الدعاء** ، مثل : تبا للمحتكرين ، تعسا للكسول ـ سعيا لك .

**ملحوظة**: إذا جاء الدعاء معرفا بأل رفع على أنه مبتدأ مثل : ( الهداية لهم ) (الويل للكاذبين) .

1. **مصدرا يقع بعد استفهام ـ للتوبيخ** : أخطأ بعد تصويب ؟

**للتعجب** : أنسيانا للموضوع ولم يمض يوم عليه ؟!

**للتوجع** : أرسوبا بعد نجاح ؟

4- **إذا وقع تفصيلا لعاقبة ما تقدمه** , مثل قوله تعالى :

" فإما منا بعد وإما فداء..."[69].

# النائب عن المفعول المطلق

"كلمة تذكر لتؤكد الفعل أو لتبين نوعه ، أو عدده ، ولكنها غير مشتقة من لفظه" , مثل : ( انطلق اللاعب سريعا ) .

سريعا : نائب عن المفعول المطلق منصوب و علامة النصب الفتحة .
والجملة أصلها : ( انطلق اللاعب انطلاقا سريعا ) .

<u>ما ينوب عن المفعول المطلق</u>

## 1. <u>صفة المصدر:</u>

انتشر العلم سريعا ـ قرأت كثيرا ـ مشيت طويلا .

## 1. <u>مرادف المصدر :</u>

( كرهته بغضا) . بغضا : نائب عن المفعول المطلق لأنه مرادف لكلمة كرها .
ومثل : ( فرحت سرورا ـ وقفت قياما ـ قعدت جلوسا ) .

## 1. <u>كل اسم يضاف إلى مصدر الفعل الموجود في الجملة</u>

[ كل ـ بعض ـ جميع ـ غاية ـ اسم الإشارة ـ اسم التفضيل ـ أى.) ، مثل
ـ صبرت كل الصبر . ـ أكرمته أعظم إكرام.
ـ فهمت الدرس هذاالفهم . ـ اجتهدت غاية الاجتهاد .

## 1. <u>آلة المصدر:</u>

ضربته عصا ـ طعن الجندى العدو خنجرا .

## 1. <u>أسماء الأعداد المضافة للمصدر أو المميزة به</u>

مثل قوله تعالى :" فَاجْلِدُوا هُمْ ثَمَانِينَ جَلْدَةً". [70]
( يحسبون لها ألف حساب ـ اعتدى الرجل على جاره ثلاثة اعتداءات ) .

## 6ـ <u>الضمير المتصل المنصوب العائد على مصدر سابق</u>

مثل :ـ قوله تعالى : " فَإِنِّي أُعَذِّبُهُ عَذَابا لا أُعَذِّبُهُ أَحَداً مِنْ الْعَالَمِينَ ".[71]

الهاء : ضمير مبنى فى محل نصب نائب عن المفعول المطلق .

( الضمير يعود على كلمة عذابا).

## 7ـ اسم المصدر

وهو ما ساوى المصدر في الدلالة على معناه وخالفه في الاشتقاق . وهو أقل في

حروفه من المصدر , مثل قوله تعالى :" والله أنبتكم من الأرض نباتا "[72].

( أنبت المصدر منها إنبات ).

## 8ـ نوع المصدر

ـ جلس الرجل القرفصاء . ( جلس جلوس القرفصاء).

ـ رجع الجيش القهقري . ( رجع رجوع القهقري ).

**فائدة** هناك كلمات تعرب ـ غالباـ نائب عن المفعول المطلق ,مثل :

( تارة ـ مرة ـ مرتين ـ مرارا ) .

# 3- المفعول لأجله

"كل مصدر قلبى ذكر علة لحدث سابق واتحد مع هذا الحدث فى الزمان والفاعل". فهو مصدر قلبى يدل على المعانى القلبية ( شعور وإحساس ) ,مثل ( الخوف ــ الرجاء ) ويكون علة (سببا) للحدث قبله أى يكون إجابة لسؤال بمعنى ( لماذا ؟ ) ، مثل : ـ

ـ قال تعالى" يَدْعُونَ رَبَّهُمْ <u>خَوْفًا</u> وَطَمَعًا". [73]

<u>خوفا</u>: مفعول لأجله منصوب وعلامة النصب الفتحة .

ـ قال تعالى " هو الذي يريكم البرق <u>خوفا</u> وطمعا".

<u>خوفا</u> : مفعول لأجله منصوب وعلامة النصب الفتحة .

ـ قال تعالى " ولا تقتلوا أولادكم <u>خشية</u> إملاق " .

<u>خشية</u>: مفعول لأجله منصوب وعلامة النصب الفتحة .

ـ ( يذاكر الطالبُ <u>أملا</u> فى النجاح ) .

<u>أملا</u> : مفعول لأجله منصوب وعلامة النصب الفتحة .

ـ ( وقف الطلاب <u>احتراما</u> للمعلم ) .

<u>احتراما</u> : مفعول لأجله منصوب وعلامة النصب الفتحة .

**فائدة**

**1 - يجوز تقديم المفعول لأجله على الفعل** ، مثل قولنا :

ـ **رغبة** فى التقدم تسعى الدول للنهوض بالعلم .

( رغبة : مفعول لأجله منصوب وعلامة النصب الفتحة ) .

ـ شوقا إلى العلم خفق القلب .

( شوقا : مفعول لأجله منصوب وعلامة النصب الفتحة ) .

**2 - ما عطف على المفعول لأجله يعرب معطوفا وليس مفعولا لأجله** , مثل :

بكيت شوقا إلى الوطن وأملا في العودة .

**ملحوظة:**

المفعول لأجله يصح نصبه ويصح جره بحرف الجر اللام التى تدل على التعليل، كالتالى :

1. المفعول لأجله المقترن بــ ( أل ) والإضافة الجر بلام التعليل فيه أحسن من النصب ، مثل : ( أجتهد للرغبةِ فى التفوق ) .

2. المفعول لأجله المجرد من ( أل ) والإضافة النصب فيه أحسن من الجر ،مثل: (أجتهد رغبةً فى التفوق ) .

3.المفعول لأجله المضاف يصح فيه الوجهان ،مثل :(أجتهد رغبة التفوق)
أو(اجتهد لرغبةِ التفوق ) .

# 4ـ المفعول معه

"هو كل اسم فضله وقع بعد واو بمعنى (مع) وتقدمه فعل أو شبهه ، ولم يصح عطفه على ما قبله". أى أنه زيادة لا يصح عطفه على ما قبله ، مثل :ـ
ـ ( **ذاكرت وطلوع الشمس**).
**طلوع**: مفعول معه منصوب وعلامة النصب الفتحة .
وقد تحققت فيه الشروط فهو زيادة ،جاء بعد واو بمعنى "مع"،تقدمه فعل ، لا يشترك مع ما قبله .
ـ (**سرتُ والنيل**).
**النيل**: مفعول معه منصوب وعلامة النصب الفتحة .
ـ(**عشت والسعادة**).
**السعادة**: مفعول معه منصوب وعلامة النصب الفتحة .
**من شروطه** :

1.أن يكون اسما مفردا ( **ليس جملة ولا شبة جملة** ). مثل :

سرتُ والنيل . (النيل :مفعول معه )،أما قولنا: سرتُ والنيل يتدفق , فالنيل مبتدأ، و يتدفق : جملة فعلية خبر , والجملة الاسمية في محل نصب حال.

1.**فضله** :

ـذاكرت وطلوع الشمس .جملة ( ذاكرت ) جملة مفيدة لا تحتاج إلى قولنا ( وطلوع الشمس ) .

1.**أن يكون ما قبله جملة** : ( سافرت والأمل ) .

أما قولنا : كل طالب وكتابه ◈ فكلمة (كتابه) معطوف على كل . ( كل طالب ) ( مبتدأ + مضاف إليه ) والخبر محذوف ( كل طالب وكتابه متلازمان )

**فائدة : ( أنواع الواو بعد الفعل )**

1.**واو المعية** : وهى التى يسبقها فعل يحدث من طرف واحد أى ما بعدها لا يشترك مع ما قبلها , مثل : ( سافرت والأمل ) .

2.**واو العطف**: وهى التى يسبقها فعل يحدث من طرفين أى ما بعدها يشترك مع ما قبلها ، مثل : ( سافرت وصديقى ) .

3.**واو للمعية والعطف** : وهى التى يجوز مشاركة ما بعدها لما قبلها ، والاسم بعدها يعرب معطوفا أو مفعولا معه ، مثل : ( ألقى المدير كلمة والطلاب ) .

**فائدة**

" وردت أمثلة مسموعة وقع فيها المفعول معه منصوبا بعد " ما " أو " كيف " الاستفهاميتين ، ولم يسبقه فعل أو ما يشبه فى العمل ، مثل : ( ما أنت والبحر ؟ ـ كيف أنت والبرد ؟ ) .

# 5ـ ظرف الزمان والمكان

* **الظرف** : هو" ما ذكر فضلة ( زيادة ) لأجل أمر وقع فيه من اسم زمان مطلقا أو مكان مبهم".

ويطلق عليه ( مفعول فيه ) لأن من شروطه أن يكون بمعنى ( فى ) ، مثل :

ـ سافرت **صباحا** : ظرف زمان منصوب وعلامة النصب الفتحة .

وكلمة ( صباحا ) زيادة بمعنى ( فى ) أى ( فى الصباح ) .

* **ظرف الزمان** : اسم يأتى ليبين زمان وقوع الفعل ، ويكون إجابة لسؤال بمعنى ( متى؟ ) ، مثل : ذهبنا إلى المدينة **ليلا** . ـجاء الطلاب **صباحا** ).

* **ظرف المكان** : اسم يأتى ليبين مكان وقوع الفعل ، ويكون إجابة لسؤال بمعنى ( أين؟ ) ، مثل : وقف الطالب **أمام** المدرسة . ـ جلست **يمين** الطريق .

* **الظرف المتصرف**: ويقصد به الكلمة التى تأتى ظرفا وغير ظرف أى قد تأتى مبتدأ أو خبرا أو فاعلا أومفعولا به ... الخ ، مثل : ـ

( إننا **اليوم** قد حققنا هدفنا ) . اليوم : ظرف زمان منصوب .

( جاء **اليوم** الموعود ) . اليوم : فاعل مرفوع .

* **الظرف غير المتصرف** : ويقصد به الكلمة التى لا تأتى إلا ظرفا للزمان ، مثل :

( عوض ـ قط ـ أيان ـ قبل ـ بعد ـ متى ـ الآن ـ أبدا ـ ...)

<u>فوائد نحوية</u>

1.المبنى من الظروف : ( منذُ ـ أمس ـ الآن ـ حيثُ ـهنا ـ هناك ـ ثَمَّ )

2.قد تدخل " ما " على بعض الظروف وتكون زائدة ، ويعرب ما بعدها مضافًا إليه ، مثل : ( جئت إليك دونما **تأخير** ) .

3.هناك بعض الظروف تصلح للمكان والزمان معا ، ويتحدد استعمالها من معنى الجملة ، مثل : [ قبل ـ بعد ـ عند ـ بين ـ .....] .

4.من أشهر الظروف :[ إذ، إذا ، بعد ، أول، قبل ،أمام ، قدام ، وراء ، خلف ، أسفل، متى ، يمين ، شمال ، لدن ، مذ ، منذ ، مع ] .

<u>من الظروف :</u>

1.**إذْ**: ظرف زمان مبنى على السكون تضاف إلى الجمل :

قال تعالى: ﴿واذكروا إذ أنتم قليل ....[74] ﴿﴾﴾ وقد تحذف الجملة ويعوض عنها التنوين

مثل " أقبل الغائب وكنتم حينئذ مجتمعين " .

1. **إذا** : ظرف زمان للمستقبل وقد تكون للماضي بقرينة : قال تعالى:

" وإذا رأوا تجارة أو لهو انفضوا إليها وتركوك قائما "[75]. وتحتاج إلى جملتين ، إحداهما جملة الشرط والثانية جملة جواب الشرط .

ـ وقد تأتي ظرفا غير متضمن معنى الشرط ، مبنيا على السكون فى محل نصب ، وتكون بمعنى " حين " وغالبا ما تكون بعد القسم ، قال تعالى: " والليل إذا يغشى "[76] .

ـ إذا + اسم = فاعل أو نائب فاعل ، مثل :

ـ إذا الشعب يومًا أراد الحياة ﴿﴾ فاعل .

ـ إذا الجود لم يرزق خلاصا من الأذى فلا الحمد مكسوبا ولا المال باقيا الجود : (نائب فاعل).

1. **الآن** : ظرف زمان مبني على الفتح فى محل نصب ، وقد يدخل عليها حرف الجر فتكون مبنية على الفتح فى محل جر ، مثل : سأجتهد من الآن فصاعدا .

2. **أمس** : ظرف زمان مبني على الكسر فى محل نصب وهو معرفة ويراد بها اليوم الذي قبل يومك الذي أنت فيه . مثل : قرأت الكتاب أمس .

ـ إذا كانت ( أمس ) نكرة بمعنى أي يوم من الأيام السابقة , أو دخلت عليها ( أل ), أو أضيفت ، أعربت بالحركات حسب موقعها ، مثل :

( رأيت بالأمس طائرا فى السماء ) : اسم مجرور وعلامة الجر الكسرة .

1. **آنفا** : ظرف زمان منصوب وعلامة النصب الفتحة [ وقيل ( آنفا ) حال منصوبة أي : مبتدئا] . قال تعالى :" حتى إذا خرجوا من عندك قالوا للذين أوتوا العلم ماذا قال آنفاً" .[77]

2. **برهة** : ظرف زمان منصوب وعلامة النصب الفتحة , مثل: ( انتظرت الرجل بُرهة ).

3. **بُكرة** : ظرف زمان منصوب وعلامة النصب الفتحة .

4. **بَيْن بين** : ظرف مكان مركب مبني على فتح الجزئين فى محل نصب

حال .

5.**بينما** : ظرف للزمان الماضي مبني على الفتح فى محل نصب و ( ما ) زائدة . بينما + اسم = مبتدأ .

6.**تارة** : ظرف زمان منصوب .. الفتحة أو نائب عن المفعول المطلق .

7.**ثَمَّ** : اسم إشارة مبني على الفتح فى محل نصب ظرف .

8.**حقبة** : ظرف زمان منصوب بمعنى ( مُدة ) .

## من الظروف أيضا :

ـ حَوْل ( حوالي ) ، حينما ، حين ، حينما ، خلال ـ دون .

ـ ردحا ( فترة طويلة ) ـ شطر ( ناحية )

ـ ( عَوْض ) ظرف لاستغراق المستقبل مثل ( أبدا ) ، إلا أنه مختص بالنفي . ( مبنى على الضم أو الفتح أو الكسر )

ـ ( غبا ) : ظرف زمان منصوب . ( زُرْ غبا تزدد حبا ) .

ـ غداة ، غدوة ـ غمضة عين ـ فرسخ ( ثلاثة أميال ) .

ـ قُدام ـ قرابة ـ قرب .

ـ كلما : ( شرطية ظرف زمان يشترط في فعليها أن يكونا ماضيين ) .

ـ لدى ـ لدن ـ لما ( وتكون ظرفا للزمان إذا كانت بمعنى ( حين ) مبنية على السكون).

ـ مدة ( منذ ، مذ + جملة اسمية أو فعلية ) .. ( مرة ، مرات : قد تأتي ظرفا ) .

ـ مع ظرف زمان أو مكان حسب المعنى .

ـ هنا ( ظرف للمكان القريب ـ مبنى على السكون فى محل نصب ) .

ـ وراء.

### فائدة

#### أحكام " قبل " ، " بعد " :

أ ) منصوبان على الظرفية ، مثل : حفظت القصيدة بعد الفجر .

ب) مجروران بـ ( من ) مثل : عدت إلى البيت فى الواحدة من بعد ظهر اليوم .

جـ ) مبنيان على الضم إذا لم يضافا رغم إمكان تقدير الإضافة ، مثل :

" لله الأمر من قبل ومن بعد "[78] . أي من قبل الغلبة ومن بعدها .

د) معربان منونان إذا لم يضافا ، ولم تقدر الإضافة مثل :

( سمعت هذا الحديث قبلا ) ( أي فى زمن سابق من غير تحديد ) .

# النائب عن الظرف

ينوب عن الظرف ما يأتى :

1. **المضاف إلى الظرف** ، مثل: (شغلت طوال النهار).

( طوال : نائب عن الظرف منصوب وعلامة النصب الفتحة ).

1. **صفة الظرف** ، مثل (صرت طويلا من الدهر) . (جلست شرقي المنزل ).

2. **العدد** : بشرط أن يوجد ما يدل على أنه عدده ـ كالإضافة إلى زمان أو إلى مكان , نحو: ( قرأت خمسة ساعات ) , (أقمت فى بيتى ستة أيام ).

3. **كل ، أو بعض وغيرهما مما يدل على الكلية والجزئية** ، بشرط الإضافة إلى زمان أو مكان : نحو ( قرأت كل الليل ),(سافرت بعض الأميال ).

4. **الاسم الذي يعين مقدارًا** مثل : (أمهلني استبدال ثياب ).

( أي مقدار ما يلزم من وقت لاستبدال الثياب ) .

1. **اسم الإشارة** . مثل : سرت هذا اليوم.

2. **كلمة زُهاء + اسم يدل على الزمان = نائب عن الظرف** .

مثل : تأخرت زهاء ساعة .

# 6 – الحال

هو "الاسم الوصف الفضلة المبين لهيئة صاحبه ، ويكون نكرة يأتى بعد معرفة فى الأصل".

فالحال يكون وصفا ( من المشتقات )، زيادة، يبين حال صاحبه، ويصلح أن يكون إجابة لسؤال بمعنى ( كيف ) , مثل : ( أقبل الرجل **ضاحكا** ) . كلمة ضاحك: ( نكرة بعد معرفة ,من المشتقات فهى اسم فاعل ، زيادة ، إجابة لسؤال: كيف أقبل الرجل ؟ ) .

**أنواع الحال**( الحال المفردة والجملة وشبة الجملة )

**1.الحال المفردة : هى ما كانت غير جملة ولا شبه جملة** ، مثل :


ـ تنافس الطلاب **متحابين** .

ـ قضى الرجل عمره **مظلوما** .


**1.الحال الجملة : وتنقسم قسمين :**


أ ـ**جملة اسمية** , مثل : رحل الصديق **وهو يبكي** .( مبتدأ + جملة فعلية خبر).

ب ـ **جملة فعلية** , مثل : رحل الصديق **يبكي** .( فعل + فاعل ضمير مستتر تقديره هو).

**ويشترط فى جملة الحال :**

أ ) أن تكون خبرية ، ولا يصح أن تكون جملة إنشائية .

ب) أن تكون غير مصدرة بعلامة استقبال كالسين وسوف .

جـ ) أن يكون بها رابط يربطها بصاحبها ، وهذا الرابط قد يكون :


1.الواو: وتسمى ( واو الحال ) وعلامتها صحة وقوع ( إذْ ) موقعها . مثل قوله تعالى: " قَالُوا لَئِنْ أَكَلَهُ الذِّئْبُ وَنَحْنُ عُصْبَةٌ". [79] (نحن عصبة) : مبتدأ وخبر جملة اسمية فى محل نصب حال .

2.الضمير وحده ، مثل قوله تعالى : " اهْبِطُوا بَعْضُكُمْ لِبَعْضٍ عَدُوٌّ "[80] .


ـأقبل الجندى يحمل سلاحه .

يحمل سلاحه جملة فعلية فى محل نصب حال .( الرابط الضمير المستتر هو).

1.الواو والضمير معا ، مثل : أقبل الطالب وهو مبتسم .

<u>فائدة :</u>
<u>فى جملة الحال :</u>

1.تجب الواو قبل " قد " داخلة على مضارع مثبت ، مثل : " لم تؤذونني وقد تعلمون "[81].

2.لا تقترن بالواو إذا كانت :

ـ مؤكدة لمضمون الجملة ,مثل: هو الحق لاشك فيه .

ـ فعلية فعلها ماض ومصدره بـ ( إلا ) , مثل قوله تعالى: " وما يأتيهم من رسول إلا كانوا به يستهزءون "[82] .

ـ فعلية فعلها مضارع مثبت غير مقترن بـ( قد) ,مثل: جاء الطالب يبتسم .

ـ فعلية فعلها مضارع منفي بـ( لا أو ما) مثل : ( ذهب الرجل لا يدري إلى أين ) .

ـ الواقعة بعد عاطف ، مثل قوله تعالى: " فجاءها بأسنا بياتا أو هم قائلون "[83] .

<u>1.الحال الشبة جملة : أن تكون الحال ظرفا أو جارا ومجرورا، مثل :</u>

ـوضع الطعام فوق المائدة .
ـكتب الطالب الدرس فى المدرسة .

<u>صاحب الحال</u>
الأصل فيه أن يكون معرفة ، مثل : ( عاش الجندى مدافعا عن وطنه ) .
ويأتى صاحب الحال نكرة بمسوغات تشبه مسوغات البدء بالنكرة فى الجملة الاسمية ، مثل :

**1- يخصص بوصف أو إضافة** ,مثل قوله تعالى: " وَلَمَّا جَاءَهُمْ كِتَابٌ مِنْ عِنْدِ اللَّهِ مُصَدِّقاً لِمَا مَعَهُمْ ". [84]

"مصدقا" حال، وصاحبه كتاب ،نكرة وقد وصفت بقوله تعالى " مِنْ عِنْدِ اللَّهِ " .

ومثل قوله تعالى :" في أربعة أيام سواء للسائلين " [85] .

2ـ أن يتقدم **الحال على النكرة** ,مثل : فيها قائما رجل .

3ـأن تقع النكرة **بعد نفي** , أو **استفهام** , **نهي** ,مثل قول الشاعر :

لا يركنن أحد إلى الإحجام يوم الوغى متخوفا لحمام

**الحال من حيث التعريف و التنكير :**

الأصل فى الحال أن يكون نكرة ، فلا يكون معرفة . وقد وردت عبارات تخالف ذلك، مثل :

ـ جاء الولد **وحده**◈ أى منفردا .

ـ ادخلوا **الأول** فالأول ◈ أى مترتبين .

ـ أرسلها **العراك**◈ أى متزاحمة .

**قواعد نحوية**

**1.يتقدم الحال على صاحبه وجوبا :**

ـ إذا كان الحال من أسماء الصدارة ، مثل ( كيف ؟ ) ، فى قولنا :

**كيف** ذاكرت الدرس ؟

ـ إذا كان صاحب الحال بعد أداة حصر ، مثل : ما جاء **سعيدا** إلاّ محمد .

ـ إذا كان صاحب الحال موصوفًا ، مثل : لمية **موحشا** طلل .

**1.يجوز تعدد الحال**

مثل : أقبل الرجل **سعيدا مسرعا ضاحكا** . ( حال1+حال2+حال3).

**1.هناك كلمات تعرب ـــ غالبا ـــ حالا** : [ أولا وثانيا .....ـ جميعا ـ عامة ـ خاصة ـ عوضا ـ بدلا ـ قاطبةً ـ عمدا ـ سهوا ـ معا ـ سويا ـ وحده ـ وحدهم ـ وحدك ـ ....]

**2.ما الاستفهامية + منصوب = حال** ، مثل : ما له **مولعا** بمنع وحبس؟

ـ ما له يبكي ؟ ( يبكي ) جملة فعلية في محل نصب حال .

**5ـ حذف عامل الحال :**

يجوز حذف عامل الحال فى بعض العبارات ، مثل قولنا :

ـ" هنيئًا لك " أى : شربت هنيئًا .

ـ"موفقًا تلميذي النجيب " أى : عملت موفقا .

**فوائد نحوية**

**الحال المؤسسة** : هي التي تفيد معنى جديدا لم يكن موجودا من قبل , مثل: ( أقبل الصديق باسما ) .

**الحال المؤكدة:** هي التي لا تفيد جديدا في الجملة ، قال تعالى:

" فتبسم ضاحكا من قولها "[86] .

**الحال المُوَطِّئة والجامدة :**

الأصل في الحال أن يكون مشتقا ، لكنه قد يأتي جامدا ، كالتالي :

**1. الحال المُوَطِّئة :**

هي ما كانت اسمًا جامدا موصوفًا بمشتق ، مثل قوله تعالى :

ـ" فَتَمَثَّلَ لَهَا بَشَرا سَوِيّا". [87]

ـ" وَإِنَّ هَذِهِ أُمَّتُكُمْ أُمَّةً وَاحِدَةً". [88]

**1. الحال الجامدة :**

هي الحال التي جاءت اسما جامدا لم يؤخذ من غيره ، ويلتزم بعض النحاة تأويلها بالمشتق ، ومواضعها هي :

1.أن تدل على سعر ،مثل:( اشتريت القمح إردبا بعشرة دراهم ) أي سعرا

2.أن تدل على تشبيه ، مثل : ( بدت الفتاة غزالا ) أي تشبه الغزال .

3.أن تدل على المفاعلة ، مثل : ( كلمة وجها لوجه ) أي مواجها .

4.أن تكون الحال مصدرا ، مثل : ( جاء الفرس ركضا ) .

5.أن تكون أصلا لصاحبها أو نوعا له ، مثل : ( هذا خاتمها ذهبا ) .

6- أن تكون الحال دالة على عدد ,مثل قوله تعالى :

" فتم ميقات ربه أربعين ليلة "[89].

7- أن تدل على الترتيب , مثل : (ادخلوا الدار رجلا رجلا ).

# 7ـ أسلوب الاستثناء

الاستثناء : "هو الأسلوب الذى يتحقق فيه الإخراج بواسطة أداة من أدوات الاستثناء ، فهو عملية طرح أو حكم عام لا ينطبق على الكل".
مثل : ( فاز الطلاب إلاًّ المهمل ) .

**يتكون من** : [ **المستثنى منه + أداة الاستثناء + المستثنى** ] .
مثل : ( أثمرت **الأشجار إلاّ شجرة** ) . ) مستثنى منه + أداة + مستثنى ).

1.**المستثنى منه** : يقع قبل أداة الاستثناء ، وهو الاسم الذى ينسب له الحكم

2.**المستثنى** : الاسم الواقع بعد أداة الاستثناء ، لا ينطبق عليه الحكم
3.**الأداة** :

أـ**إلاًّ** : حرف حرف مبنى ليس له محل من الإعراب.
بـ(**غير ـ سوى**) : اسم يعرب إعراب المستثنى ويأخذ أحكامه .
جـ(**عدا ـ خلا ـ حاشا**) : فعل أو حرف جر .
ـ <u>**المستثنى منه يُعرب حسب موقعه فى الجملة**</u> ، مثل :
( فاز <u>الطلاب</u> إلا المهمل ) . ( الطلاب: فاعل مرفوع وعلامة الرفع الضمة )
ـ <u>**الأسلوب التام**</u>: هو ما كان المستثنى منه مذكورًا فيه ، مثل :
( قد يهون <u>العمر</u> إلاًّ ساعة ) .
ـ<u>**الأسلوب الناقص**</u>: يحذف فيه المستثنى منه ، مثل : ( ما جاء إلاًّ محمد ).
<u>**أولا : الاستثناء بالحرف ( إلاّ )**</u>

(**الصورة الأولى**): ( **الأسلوب التام المثبت الموجب** )
ـ وهو ما ذكر فيه المستثنى منه ولم يتقدمه نفى أو نهى أو استفهام .
ـ حكمه: المستثنى واجب النصب ، مثل : ( نجح الطلاب إلاًّ <u>**المهمل**</u> ) .
المهمل : مستثنى منصوب وعلامة النصب الفتحة .

( قد يهون العمر <u>إلاساعة</u> ). ساعة : مستثنى منصوب وعلامة النصب الفتحة.

( **الصورة الثانية** ) : **الأسلوب التام المنفى ( غير موجب )**
ـ وهو ما ذكر فيه المستثنى منه وتقدمه نفى أو استفهام أو نهى .
ـ **حكمه** :
1ـ يجوز فى المستثنى النصب على الاستثناء .

2ـ يجوز أن يعرب بدلا ( بدل بعض من كل ) .

ـ قال تعالى :"لا يَلْتَفِتْ مِنْكُمْ أَحَدٌ إِلاَّ امْرَأَتَكَ " [90] .

قرئت" امْرَأَتَكَ" بالرفع و النصب .

ـ مثل : ما فاز الناس إلاَّ **ذو** الخلق ـ **ذا** الخلق .

ذو : بدل مرفوع وعلامة الواو لأنه من الأسماء الخمسة .

ذا : مستثنى منصوب وعلامة النصب الألف لأنه من الأسماء الخمسة .

## ملحوظة مهمة

إذا تقدم المستثنى على المستثنى منه وجب نصبه ، مثل قول الشاعر :

وما لى إلاَّ آلَ أحمدَ شيعةٌ ومالى إلا **مذهبُ** الحق مذهبٌ

**( الصورة الثالثة ) ( الأسلوب الناقص المنفى ـ غير موجب )**

ـ وهو الأسلوب الذى حذف منه المستثنى منه وتقدمه نفى أو استفهام أو نهى .

ـ حكمه: تصبح ( إلا ) ملغاة لا عمل لها . ويعرب الاسم بعدها حسب موقعه

فى الجملة ، مثل :

ـ ( لا يهربُ إلا **الجبان** ) الجبان : فاعل مرفوع وعلامة الرفع الضمة .

ـ( ما الرجل إلا **صادق** ) صادق : خبر مرفوع وعلامة الرفع الضمة .

ـ وعلامة هذا الأسلوب أن تحذف ( إلاَّ ) مع النفى أو الاستفهام أو النهى

ويبقى الكلام سليما والجملة لها معنى , مثل :

ـ هل يفوز إلاَّ المخلص . ( يفوز المخلص ) .

<u>ثانيا : المستثنى بالاسمين ( غير ـ سوى )</u>

( غير وسوى ) من الأسماء المعربة ، ( غير ) تعرب بحركات ظاهرة ، (
سوى ) تعرب بحركات مقدرة.

ـ حكمها فى الإعراب حكم الاسم الواقع بعد ( إلاَّ ) كما سبق .

ـ ما بعدهما مضاف إليه دائما .

مثل :

1ـ قرأت الكتاب سوى فصل . ( التام المثبت)

ـ سوى : منصوبة على الاستثناء وعلامة النصب الفتحة المقدرة .

ـ فصل : مضاف إليه مجرور وعلامة الجر الكسرة .

2ـ لن ينتصر الناس غير الشجاع . ( التام المنفى ) .

ـ غير : منصوبة على الاستثناء وعلامة النصب الفتحة .
أو بدل مرفوع وعلامة الرفع الضمة .

ـ الشجاع : مضاف إليه مجرور وعلامة الجر الكسرة .

3ـ ما فاز غيرُ المجتهد ( الناقص المنفى ) .

ـ غير : فاعل مرفوع وعلامة الرفع الضمة .

ـ المجتهد : مضاف إليه مجرور وعلامة الجر الكسرة .

**فائدة**

* قد تقطع غير عن الإضافة فتبنى على الضم بشرط أن يسبقها " لا" أو" ليس"
مثل : " حفظت قصيدة المتنبي ليس غيرُ " .

* وقد تقع ( غير وسوى ) نعتا للاسم النكرة بمعنى ( مختلف ) ، مثل : ـ
ساعدني رجل غيرك .

<u>ثالثا : المستثنى بالكلمات ( خلا ـ عدا ـ حاشا )</u>

**( الصورة الأولى ) أن يتقدم على هذه الكلمات ( ما : المصدرية )**

تعرب فعلا و المستثنى بعدها يعرب مفعولا به،مثل :

قرأت القصة ما خلا فصلا

خلا : فعل ماض مبنى على الفتح، و الفاعل ضمير مستتر تقديره( هو).

فصلا : مفعول به منصوب و علامة النصب الفتحة .

**( الصورة الثانية ) ألا يتقدم عليها ( ما : المصدرية ) .**

وفى هذه الحالة يجوز فى هذه الكلمات وجهان :

1.تعرب فعلا و ما بعدها يعرب مفعولا به ، مثل :

ـ نجح الطلاب عدا المهملَ . ( فعل +مفعول به ).

1.تعرب حرفا للجر و ما بعدها يعرب اسما مجرورا ، مثل :

ـ نجح الطلاب عدا المهمل ـ ( حرف جر + اسم مجرور ) .

<u>فائدة</u>

1ـ قد ( حاشا ) تأتي اسمًا للتنزيه مثل : ( حاشاك أن تفسد بين الناس ) .

وتعرب نائبا عن المفعول المطلق معناها : انز هك تنزيها .

2ـ قل أن تسبق( حاشا ) " ما " .

# 8- التمييز

هو " اسم نكرة يذكر ليزيل الغموض قبله , متضمن معنى (من)". والمبهم ( الغامض ) الذى يأتى قبل التمييز يسمى : مميزا .

مثل : عندى عشرون كتابا .

كتابا : تمييز منصوب وعلامة النصب الفتحة .

وكلمة ( كتابا ) هنا أزالت الغموض فى كلمة ( عشرون ) التى يطلق عليها مميزا وتعرب حسب موقعها . ( مبتدأ مؤخر هنا ) . والمعنى عندي عشرون من الكتب .

## من مواضع التمييز :

1. **بعد الأعداد** ، مثل : تفوق أحد عشر طالبا .

2. **بعد ( كم )** ، مثل : كم طالبا فى الفصل ؟

3. **بعد نعم وبئس** ، مثل : نعم خلقا الصدق .

4. **بعد اسم التفضيل** ، مثل : محمد أفضل الطلاب خلقا .

5. **بعد الفعل ( كفى ) وأفعال الزيادة والنقصان** ، مثل :

( كفى بالله شهيدا ) ، ( ازداد الرجل علما ) ، ( طاب الرجل نفسا ) .

6- **بعد أسلوب التعجب** , مثل : ( ما أحسن زيدا رجلا ).

7- **بعد ( لاسيما )** , مثل : أحب العلماء ولاسيما عالما .

## فائدة

**التمييز الواقع بعد " أفعل" التفضيل , إن كان فاعلا في المعنى وجب نصبه. وإن لم يكن كذلك وجب جره بالإضافة , مثل :-**

- أنت أكثر مالا . ( مالا ) تمييز منصوب لأنه فاعل في المعنى ( كثر مالك ) .

- زيد أفضل رجل . ( رجل ) مضاف إليه مجرور لأنه ليس بفاعل .

وإذا أضيف " أفعل " التفضيل إلى غيره فإنه ينصب حينئذ , مثل :

أنت أفضل الناس خلقا . ( خلقا ) تمييز منصوب لأن " أفضل" أضيفت إلى - كلمة أخرى .

<u>أنواع المميز</u>

1.<u>ملحوظ ( النسبة )</u>

وهو الذى يلحظ من الكلام ولا ينطق به ، وتمييزه منصوب ، مثل :

1.المحول عن المبتدأ : مصر أفضل البلاد هواءً ⟵ وأصلها ( هواء مصر أفضل ) .

2.المحول عن الفاعل , مثل: طاب النيل ماءً ⟵ طاب ماء النيل .

3.المحول عن المفعول به , مثل: غرسنا الأرض شجرا ⟵ غرسنا شجر الأرض .

4.المحول عن نائب الفاعل , مثل: لا يضارع محمد خلقا ⟵ لا يضارع خلق محمد .

وقد يأتى التمييز للمميز الملحوظ غير محول ، مثل :
أعظم به <u>رجلا</u> ـ لله دره <u>فارسا</u> .

1.<u>ملفوظ ( الذات )</u>

وهو الذى يظهر فى الكلام ، ويدل على ( عدد ، أو وزن ، أو كيل ، أو مساحة ) ، مثل:

ـ بعت قنطارا قطنا . ( وزن ) .

ـ زرعت فدانا أرزا . ( مساحة )

ـ اشتريت إردبا قمحا . ( كيل )

ـ عندى عشرون كتابا . ( عدد )

<u>ملحوظة مهمة</u> تمييز الملفوظ يجوز نصبه أو بجره بـ ( من ) أو بالإضافة ، مثل :

اشتريت إردبا قمحا , أو من قمحٍ , أو إردب قمحٍ .

## تمييز العدد

**1.** ( 1 ، 2 ) لا تمييز لهما ، وإذا ذكر العدد يعرب نعتًا، مثل :

( جاء رجلٌ ) ـ ( جاء رجلٌ واحدٌ )

**1. <u>من ( 3 ) إلى ( 9 ) يخالف المعدود في التذكير والتأنيث ، ويعرب حسب موقعه.</u>**

( نجح ( 5 ) طلاب ، و ( 9 ) طالبات ) ◊( نجح خمسة طلاب ، وتسع طالبات )
خمسة ◊ فاعل مرفوع وعلامة الرفع الضمة.
تسع ◊ معطوف مرفوع وعلامة الرفع الضمة.
والتمييز بعد هذه الأعداد جمع مجرور بالإضافة .

**1. <u>العدد ( 10 ) إذا ذكر وحده يخالف ما بعده ، وإذا جاء مركبًا مع عدد آخر يطابق ما بعده ،</u>** مثل :

نجح ( 10 ) طلاب ، ( 14 ) طالبة ◊نجح عشرة طلاب ، وأربع عشرة طالبة
.

**1. <u>( 11 ، 12 ) يطابقان المعدود كالتالي :</u>**

يكتب ( 11 ) أحد عشر للمذكر ، إحدى عشرة للمؤنث .
( 12 ) اثنا عشر ( اثنى عشر ) للمذكر ، اثنتا ( اثنتى ) عشرة للمؤنث .

**1. <u>( 13 إلى 19 ) الأول يخالف والعشرة المركبة تطابق المعدود ،</u>** مثل :

نجح ( 13 ) طالبا ، و ( 17 ) طالبة◊ نجح ثلاثة عشر طالبا ، وسبع عشرة طالبة.
والتمييز بعد هذه الأعداد ( 11 – 19 ) مفرد منصوب .
*** إعراب الأعداد من ( 11 – 19 ) :-**
تعرب كلها ما عدا ( 12 ) مبنية على فتح الجزأين في محل ..
مثل : سافر خمسة عشر رجلا . ( خمسةَ عشرَ ) مبنية على فتح الجزأين في محل رفع فاعل .

ـ العدد ( 12 ) يعرب الجزء الأول إعراب المثنى ، و(العشرة ) مبنية على الفتح فى محل جر مضاف إليه . مثل : ( فى المدرسة اثنا عشر متفوقا ) .

اثنا ◈ مبتدأ مرفوع و علامة الرفع الألف لأنه ملحق بالمثنى.

عشر ◈ مبنى على الفتح فى محل جر مضاف إليه .

**1. ألفاظ العقود ( 20 ، 30 ، 40 ، ......، 90 ) تعرب إعراب جمع المذكر السالم.**

مثل :ـ قرأت عشرين كتابا .

عشرين ◈ مفعول به منصوب و علامة النصب الياء لأنه ملحق بجمع المذكر السالم .

و التمييز بعد هذه الأعداد مفرد منصوب .

**1.( 100 ، 1000 ) ومضاعفاتها .**

لا تتغير ومعدودها مفرد مجرور بالإضافة ، مثل : جاء مئة رجلٍ .

ـ مئة : فاعل مرفوع و علامة الرفع الضمة .

**فوائد نحوية**

**1.الأعداد المتعددة تمييزها يوافق العدد المجاور لها مباشرة ، مثل :**

سافر ( 147 ) رجلا ◈ سافر مئة وسبعة وأربعون رجلا .

ويجوز أن تكتب ◈ جاء سبعة وأربعون ومئة رجلٍ .

**1.إذا تأخر العدد عن المعدود جاز فيه التذكير والتأنيث والأفضل اتباع الأحكام السابقة** ، مثل : جاء طلاب سبعة أو سبع .

**2.العدد ( 8 ) يعامل معاملة الاسم المنقوص كالتالى :**

ـ إذا كان مضافا أو كان معدوده مذكرا بقيت ياؤه ، مثل : جاء ثمانية طلاب .

ـ إذا كان معدوده مؤنثا تحذف ياؤه فى الرفع والجر وتبقى فى النصب ، مثل : جاءت من الطالبات ثمانٍ .

# كنايات العدد

## أولا: ( كم )

من كنايات العدد ، مبنية على السكون ، وهى من الأسماء التى لها الصدارة. ولها نوعان :

### 1.كم الخبرية :

- تفيد الكثرة والكلام معها يحتمل الصدق والكذب .
- لا تستدعى جوابا .
- تمييزها مفرد أو جمع واجب الجر .
- نضع فى نهاية جملتها علامة الترقيم: النقطة أو علامة تعجب ، مثل :
- (كم طالبٍ فقير تفوق ) . طالب : تمييز مجرور وعلامة الجر الكسرة .
- ( كم نعمةٍ أنعمها الله علينا ) . نعمة : تمييز مجرور وعلامة الجر الكسرة.

### 2- كم الاستفهامية :

- تستدعى جوابا .
- تمييزها مفرد منصوب دائما إلا إذا جُرَّت بحرف الجر ، فيجوز فى التمييز النصب و الجر . مثل :- بكم رجلٍ مررت ؟ بكم رجلا مررت ؟
- نضع فى نهاية جملتها علامة الترقيم : علامة الاستفهام ، مثل :
- (كم طالبا فى الفصل ؟ ) . طالبا : تمييز منصوب وعلامة النصب الفتحة .
- ( كم رجلا أمام البيت ؟) . رجلا : تمييز منصوب وعلامة النصب الفتحة .

## إعراب ( كم ) :

1. مبتدأ: إذا جاء بعدها فعل متعد استوفى مفعوله ، أو فعل لازم ، أو شبه جملة . مثل : كم كتابا فى المكتبة ؟ كم رجلا ذهب إلى محطة القطار ؟

1. مفعول به: إذا جاء بعدها فعل متعد لم يستوف مفعوله ، أو فعل متعد إلى مفعولين ، مثل : مثل : كم كتابا قرأت ؟ كم جنيها أعطيت الفقير ؟

2. ظرف ( مفعول فيه ): إذا جاء بعدها ظرف زمان أو مكان . مثل : كم يوما صمت؟ كم ميلا سافرت؟

3. خبر : إذا جاء بعدها مبتدأ أو فعل ناقص . مثل : كم عمرك ؟

4. مفعول مطلق: إذا جاء بعدها مصدر . مثل : كم انطلاقا انطلقت ؟

5.**اسم مجرور**: إذا سبقت بحرف جر . مثل : بكم جنيها اشتريت الكتاب ؟

6.**مضاف إليه**: مثل : كتاب كم أستاذ قرأت ؟

## بضع (بضعة)

ـ لفظ يكنى به عدد ما بين الثلاث إلى التسع .

ـ يأخذ حكم هذه الأعداد من حيث التذكير والتأنيث أى أنه يخالف ما بعده

ـ يعرب حسب موقعه فى الجملة وما بعده يعرب تمييزا مجرورا بالإضافة .

مثل : تفوق بضعة رجال وبضع عشرة امرأة .

( بضعة : فاعل مرفوع وعلامة الرفع الضمة , رجال : تمييز مجور بالإضافة

وعلامة الجر الكسرة . بضع : معطوف مرفوع وعلامة الرفع الضمة ).

## ( كأين ) ( كأى )

من كنايات العدد وهى مركبة من :

( كاف التشبيه + ( أى ) المنونة وتدل على الكثرة ) .

ـ إعرابها : اسم مبنى على السكون فى محل رفع المبتدأ .

ـ وتمييزها مفرد مجرور بحرف الجر ( من ) .

ـ وبقية الجملة وهى عادة جملة فعلية فى محل رفع خبر ( كأين ) , مثل قوله

تعالى : " وَكَأَيِّن مِنْ دَابَّةٍ لا تَحْمِلُ رِزْقَهَا اللَّه يَرْزُقُهَا وَإِيَّاكُمْ ". [91]

## ( كذا )

من كنايات العدد المبهم التى يكنى بها عن القليل والكثير ، وتأتى مفردة أو

مكررة أو معطوفة .

ـ تُبنى على السكون وتعرب حسب موقعها فى الجملة .

ـ تمييزها غالبا يكون مفردًا منصوبا , مثل : تفوق كذا وكذا طالبا .

( كذا : مبنية على السكون في محل رفع فاعل , طالبا : تمييز منصوب وعلامة

النصب الفتحة ).

ـ قال الشاعر :

عِدْ النفس نعمى بعد بُؤسَاكَ ذاكرا كذا وكذا لطفا به نُسى الجُهْدُ

لطفا : تمييز منصوب وعلامة النصب الفتحة .

# 9 ــ المنادى

النداء "هو الدعوة إلى الانتباه والاستماع بواسطة حروف خاصة يطلق عليها حروف النداء ، وهى ( يا وأخواتها )".

<u>أدوات النداء</u>

## <u>1.( الهمزة ــ أى ) لنداء ما هو قريب</u>

مثل : ــ ( أى بُنى عليك الاجتهاد ) .

ــ قال الشاعر : أُجارتنا إنا غريبان ها هنا وكل غريب للغريب نَسيبُ

( أجارتنا ) أى ( يا جارتنا ) .

## <u>1.( يا ) لنداء القريب والبعيد على الرأى الراجح</u> .

ــ ( يا طالب العلم اجتهد ) .

## <u>1.( أيا ــ هيا ) لنداء البعيد</u> .

يقول الشاعر : أيا شبْه ليلى لا تراعى فإننى لك اليوم من وحشية لصديق

**إعراب المنادى**

**1.ينصب المنادى إذا كان مضافا أو شبيها بالمضاف أو نكرة غير مقصودة .**

### أ ــ <u>المنادى المضاف</u> :

هو ما اتصل به اسم آخر يكمل معناه ( المضاف إليه ) ، مثل :

( يا باغى الخير أقبل ) .

باغى : منادى منصوب وعلامة النصب الفتحة لأنه مضاف .

الخير : مضاف إليه مجرور وعلامة الجر الكسرة .

### ب ــ <u>الشبيه بالمضاف</u> :

وهو ما كمل معناه بواسطة ما بعده غير صلة المضاف بالمضاف إليه .

مثل : ( يا رافعا راية الشورى وحارسها ... )

رافعا : منادى منصوب وعلامة النصب الفتحة لأنه شبيه بالمضاف .

**جـ ـ النكرة غير المقصودة:**

هى التى يقصد بها واحد غير معين مما يصح إطلاق لفظها عليها ، فهى مطلقة دون تحديد ، مثل : ( يا غافلا انتبه ) .

غافلًا : منادى منصوب وعلامة النصب الفتحة لأنه نكرة غير مقصودة .

فالكلمة هنا تطلق على كل غافل دون تحديد شخص معين .

ومثل قولنا : ( يا طالبا اجتهد ) , فالحديث العام ، والكلمة تطلق على كل طالب دون تحديد .

**1.يُبنى المنادى على ما يرفع به في حالتين : ( المفرد العلم والنكرة المقصودة )**

**أ ـ المفرد العلم :**

وهو ما ليس مضافا ولا شبيها بالمضاف ، وإن كان مثنى أو مجموعا ، مثل :

ـ ( يا **محمدون أقبلوا** ) .

محمدون : منادى مبنى على الواو فى محل نصب لأنه علم مفرد .

ـ ومثل ( يا **مصرُ** لك الله ) ,مصر : منادى مبني على الضم في محل نصب .

**ب ـ النكرة المقصودة :**

هى التى يقصد بها واحد معين مما يصح إطلاق لفظها عليه .

فالكلمة نكرة لكنها فى سياق الكلام تدل على شخص ( شيء ) معين محدد . ـ

مثل قولنا للعمال فى المصنع : ( يا **عاملون** أنجزوا العمل ) .

**عاملون** : منادى مبنى على الواو فى محل نصب لأنه نكرة مقصودة .

ـ ومثل قولن لرجل أمامنا : ( يا **رجلُ** اتق الله ) .

**رجل** : منادى مبني على الضم في محل نصب .

**نداء ما فيه ( أل )**

*** عند نداء ما فيه ( أل ) نستخدم ( أى ) مع المذكر ، ( أية ) مع المؤنث**

مثل : ( يا أيها الرجل ) ... ( يا أيتها المرأة )

ـ وإعراب ( أى ) أو ( أية ) : مبنية على الضم فى محل نصب والهاء حرف تنبيه .

ـ وما بعدها يعرب إعرابين :

1.نعتا : إذا كان مشتقا ، مثل : ( يا أيها الظالم ...) .

2.بدلا : إذا كات جامدا ، مثل : ( يا أيها الرجل ..) .

[ ويرى البعض أن ما بعدها يعرب نعتا دائما ]

## لفظ الجلالة { الله } ينادى مباشرة

نقول ( يا ألله ) وقد تحذف ياء النداء ، ويعوض عنها بميم مشددة مفتوحة ، مثل : ( اللهم اغفر لنا ) .

اللهم : لفظ الجلالة ( الله ) منادى مبنى على الضم فى محل نصب ، والميم عوض عن ( يا ) حرف النداء المحذوف مبنى لا محل له من الإعراب .

## فائدة

العلم المحلى بأل إذا نودي تحذف منه ( أل ) , مثل : ( الفرزدق ) نقول : يا فرزدق .......

## حذف حرف النداء

وهذا الحكم خاص بالحرف ( يا ) دون غيره ، مثل قوله تعالى : " يُوسُفُ أَعْرِضْ عَنْ هَذَا "[92] .

يوسف : منادى مبنى على الضم فى محل نصب لأنه علم مفرد ، والتقدير ( يا يوسف ) .

- ومثل :- أيها الرجل عليك بالحق . ( يا أيها الرجل ).

- ويحذف الحرف ( يا ) وجوبا مع كلمة " اللهم " كما سبق .

## فوائد نحوية

أ- المنادى المضاف إلى ياء المتكلم ينصب بفتحة مقدرة على ما قبل ياء المتكلم. مثل قولنا : ( يا صديقى ) وردت فيه خمس لغات :-

1.إثبات الياء الساكنة : مثل قولنا :" يا صديقي".

2.إثبات الياء مفتوحة : قال تعالى : " قُلْ يَا عِبَادِي الَّذِينَ أَسْرَفُوا عَلَى أَنْفُسِهِمْ لا تَقْنَطُوا مِنْ رَحْمَةِ اللهِ إِنَّ اللهَ يَغْفِرُ الذُّنُوبَ جَمِيعا "[93]

3.حذف الياء وإبقاء الكسرة دليلا عليها : قال تعالى : " يَا عِبَادِ فَاتَّقُونِ "[94] .

4.قلب ياء المتكلم ألفا مع قلب الكسرة قبلها فتحة :

مثل قول القرآن: " يَا حَسْرَتَا عَلَى مَا فَرَّطْتُ فِي جَنْبِ اللَّهِ "[95] .

ـ ويقال في النداء : " يا أبت , ويا أمت " بفتح التاء وكسرها , ولا يجوز إثبات الياء , فلا نقول : يا أبتي . ويا أمتى " لأن التاء عوض عن الياء فلا يجمع بين العوض والمعوض عنه .

## 1.حذف الألف مع بقاء الفتحة قبلها

مثل :( يا صاحِبَ ) والمراد ( يا صاحبى ) .

صاحب : منادى منصوب بفتحة مقدرة على ما قبل ياء المتكلم المنقلبة ألفا المحذوفة تخفيفا والمفتوح ما قبلها .

## 6ـ إذا كان المنادى مفردا علما ووصف " ابن " مضاف إلى علم , ولم يفصل بين المنادى وبين "ابن" جاز في المنادى وجهان :ـ

ـ البناء على الضم , مثل : يا محمدُ بن علي .

ـ البناء على الفتح , مثل : يا محمدَ بن علي .

ويجب حذف ألف " ابن " .

# الترخيم والنداء

<u>الترخيم</u> : هو حذف آخر المنادى جوازا للتخفيف : مثل يا صاح ( يا صاحب )
.

<u>شروطه :</u>
**<u>أولًا : المنادى المختوم بتاء التأنيث :</u>**
يجوز ترخيمه مطلقا بلا شروط ، مثل :
( يا فاطم ) ( يا فاطمة ) ، ( يا هِبَ ) ( يا هبة ) ، ( يا معاوى ) ( يا معاوية ) .
**<u>ثانيًا : المنادى المختوم بغير التاء ،</u>** لا بد من اجتماع الشروط الآتية :

1.أن يكون علما أو نكرة مقصودة ( على الأرجح ) .
2.أن يكون المنادى مبنيا على الضم ، فلا يصح الترخيم فى ( يا محمدون
) .
3.أن يكون زائدا على ثلاثة أحرف ، مثل :

( يا أحم ) ( يا أحمد ) ، ( يا سعا ) ( يا سعاد ) ، ( يا صاح ) ( يا صاحب ) .
**<u>* يجوز حذف حرفين من آخر الكلمة بشروط :</u>**

1.أن يكون الاسم المرخم على خمسة أحرف فأكثر .
2.أن يكون الحرف الذى قبل الحرف الأخير معتلا ساكنا .
3.أن يكون هذا الحرف زائدة لا أصليا .

مثل : ( يا أسم ◈ يا أسماء ) ، ( يا منص ◈ منصور )
* وتحذف كلمة كاملة فى المركب المزجى، مثل : ( يا معدى ) ◈ ( يا
معديكرب )
**<u>إعرابه :</u>**
يجوز فيه وجهان :

1.يُبنى على الضم لأنه تام لا نقص فيه كأن لم يحذف منه شيء.

مثل : ( يا فاطمُ ) ◈ ( لغة من لا ينتظر ) .

1.التوقف عند ما بقى من حروفه على ما هى عليه دون تصرف فيه على

اعتبار أنه اسم غير كامل الحروف , مثل ( يا فاطمَ ) ◈ ( لغة من ينتظر
) .

# أسلوب الاستغاثة

من أساليب النداء ، وهو: " كل اسم نودى ليخلص من شدة أو يعين على رفع مشقة ". مثل قولنا : ( يا لله للعرب ) .

**ويتكون من : ( أداة ( يا ) + مستغاث به + مستغاث له )**

**( الصورة الأولى ) تتكون من :**

[ يا + المستغاث به مجرورا بلام مفتوحة + المستغاث له مجرورا بلام مكسورة] .

مثل : يا للمعلم للطالب .

يا : أداة نداء واستغاثة .

للمعلم : اللام حرف جر ، والمعلم منادى مستغاث به مجرور باللام .

للطالب : اللام حرف جر ، والطالب مستغاث له مجرور باللام .

**( الصورة الثانية ) :**

[ يا + المستغاث به ملحقا فى آخره ألف الاستغاثة + المستغاث له مجرورا باللام] .

مثل : يا ربًّا للشاكين .

ربا : منادى مستغاث به مبنى على الضم فى محل نصب ، وحركة البناء مقدرة والألف للاستغاثة .

للشاكين : اللام حرف جر ، والشاكين مستغاث له مجرور باللام .

**( الصورة الثالثة )**

[ يا + المستغاث به خاليا من اللام والألف + المستغاث له مجرورا باللام ] .

مثل : ( يا صلاح الدين للقدس ) ، ( يا زيد لعمرو ) .

ويعرب المستغاث به إعراب المنادى .

# أسلوب الندبة

"أسلوب يشتمل على منادى متفجع عليه أو متوجع منه".

ـ يستخدم له من حروف النداء ( وا ) مطلقا أو ( يا ) .

**( الصورة الأولى )**

**[ ( وا ـ يا ) + المندوب متصلًا به ألف الندبة + هاء السكت ]** .

مثل : ـ وا ذُلّاه ـ وا محمداه

محمد : منادى مبني على الضم المقدر منع من ظهورها فتحة مناسبة للألف فى محل نصب والألف حرف زائد ، والهاء للسكت.

**( الصورة الثانية )**

**[ ( وا ـ يا ) + المندوب متصلًا به ألف الندبة فقط ]** .

مثل : واذُلا .

قال الشاعر :

حُمّلت أمرا عظيما فاصطبرت له وقمتَ فيه بأمر الله يا عُمَرَا

**( الصورة الثالثة )**

**[ ( وا ـ يا ) + المندوب فقط دون ألف أو هاء ]** .

ويعامل معاملة المنادى من حيث الإعراب ، مثل :

( وا محمدُ ) ،( وا أميرَ المؤمنين )

أمير ◈ منادى منصوب وعلامة النصب الفتحة .

# الفصل الخامس
## (المكملات )

# أولا : الأساليب النحوية
# 1ـ أسلوب التفضيل

**اسم التفضيل**: " كل وصف على وزن { أفعل } يدل على أن اثنين اشتركا فى صفة وزاد أحدهما على الآخر فى تلك الصفة "

**ويتكون أسلوب التفضيل من :**

( المفضل + اسم التفضيل + المفضل عليه ) ,مثل :

( **محمد أفضل من على خلقا** ) .

1.**المفضل**: وهو الاسم الذى تزيد فيه الصفة .

2.**اسم التفضيل**: وهو الاسم الذى يدل على الصفة المشتركة بين المفضل والمفضل عليه ويأتى –

أ) **على وزن( أفعل )** ، مثل : أعظم ، أفضل ، ...... إلخ .

ب) **أو على وزن ( فعلى)** ، مثل : عظمى ، كبرى ، ...... إلخ .

ج) **أو على وزن (أفعل) بدون الهمزة** ؛ مثل خير ، شر ، حبّ ، ..... إلخ .

قال الشاعر : وحَبُّ شيء إلى الإنسان ما مُنِعا

3) **المفضل عليه** : وهو الاسم الذى تقل فيه الصفة ، وقد يحذف من الكلام . قال تعالى :" وَالآخِرَةُ خَيْرٌ وَأَبْقَى". ([96])

**إعرابه** : يعرب اسم التفضيل حسب موقعه فى الجملة , مثل :

( العلم أنفع من المال ) . أنفع : خبر مرفوع وعلامة رفعه الضمة .

**ملحوظة:**

النكرة الواقعة بعد اسم التفضيل لها إعرابان :-

(1) **مضاف إليه** , مثل : العلم أفضل خلق .

(2) **تمييز** , مثل : العلم أكثر نفعا .

**فائدة نحوية** : كلمة ( أفعل ) قد تستخدم ولا يقصد بها التفضيل :

1.عندما تدل على الصفة ؛ مثل :

" الإنسان الأحمق يتكلم قبل أن يفكر". فهى تدل على الصفة لا المفاضلة .

1.عندما تدل على المبالغة فى الصفة دون التفضيل ؛ مثل :

( والله أرحم بعباده ) فهى تدل على المبالغة فى الرحمة دون المفاضلة .

## ما يصاغ منه اسم التفضيل

يشترط فى الفعل الذى يصاغ منه اسم التفضيل سبع صفات :

**1.أن يكون ثلاثيا .**

**2.أن يكون مثبتا .**

3.أن يكون تاما أى يرفع فاعلا ، **ليس فعلًا ناقصا** ؛مثل : كان وأخواتها .

**تذكر** ـ فعل + فاعل = فعل تام . مثل : نفع العلم صاحبه .

ـ فعل + اسم + خبر = فعل ناقص. مثل : كان العلم نافعًا .

**1.أن يكون قابلا للتفاوت أى يقبل النقص والزيادة .**

ومن الأفعال التى لا تقبل التفاوت : ( مات ــ فنى ــ هلك ــ غرق ).

**1.أن يكون مبنيا للمعلوم أى أن الفاعل معروف ، ليس مبنيا للمجهول .**

**2.أن يكون متصرفا يأتى منه الماضى والمضارع .... إلخ ، أى ليس جامدا .**

فمثلا : كتب ، يكتب ، اكتب ، كاتب ..... = فعل متصرف

أما : عسى ــ ليس ــ بئس ــ نعم ، فهى أفعال جامدة

**1.ليس الوصف منه على ( أفعل ) الذى مؤنثه فعلاء ؛ مثل :**

{جرب : أجرب جرباء / خضر : أخضر خضراء / عرج : أعرج عرجاء}.

***إذا افتقد الفعل شرطا من الشروط السابقة ، نتبع الآتى :**

**1ـ إذا كان الفعل جامدا أو غير قابل للتفاوت لا يأتى منه اسم التفضيل أصلا .**

**2ـ إذا كان الفعل ناقصا أو منفيا أو مبنيا للمجهول :**

[ نأتى باسم مناسب على وزن أفعل + المصدر المؤول )

مثل : لا ينجح ◈ الكسول أولى ألا ينجح . [ منفى ]

يكون ◈ المتفوق أجدر أن يكون مقدرا من الناس . [ ناقص ]

يُضرب ◈ المهمل أحق أن يُضرب . [ مبنى للمجهول ]

**3ـ إذا كان الفعل غير ثلاثى أو كان الوصف منه على وزن أفعل ـ فعلاء : ـ**

نأتى باسم مناسب على وزن أفعل+ المصدر الصريح للفعل منصوبا على التمييز

مثل : ازدحم ◈ القاهرة أكثر ازدحاما من المنيا . [ غير ثلاثى ]

سود◈ الظلم أشد سوادا من الظلام .[ الوصف منه أفعل ـ فعلاء ]

**حالات اسم التفضيل**

## 1.الصورة الأولى : اسم التفضيل المقترن بـ ( أل )

حكمة : يطابق ما قبله إفرادا وتثنية وجمعا وتذكيرا وتأنيثا .

مثل : ـ محمد هو الأفضل .

ـ محمدان هما الأفضلان .

ـ فاطمة هى الفضلى .

ـ المصريون هم الأفضلون .

ـ كرمت المدرسة الطالبات الفضليات .

## 1.الصورة الثانية : اسم التفضيل المجرد من ( أل ) والإضافة

حكمة : ـ يلزم الإفراد والتذكير والتنكير .ـ يجر المفضل عليه بحرف الجر( من )

مثل : ـ الصدق أفضل من الكذب .

ـ العلم أنفع من المال .

## 1.الصورة الثالثة : اسم التفضيل المضاف لنكرة .

حكمة :يلزم الإفراد والتذكير والتنكير .

النكرة بعده يطابق ما جاء اسم التفضيل له فى الإفراد والتثنية والجمع والتذكير والتأنيث.

مثل:محمد أفضل طالب . ـفاطمة أفضل طالبة .

المتفوقون أفضل طلاب . ـفاطمة وليلى أفضل طالبتين.

## 1.الصورة الرابعة : اسم التفضيل المضاف لمعرفة .

حكمة : تجوز فيه المطابقة وعدمها , مثل قوله ﷺ :

" ألا أخبركم بأحبكم إليّ وأقربكم مني مجالسَ يوم القيامة أحاسنكم أخلاقا".

( أحب ) ( أقرب ) ◈ لم تحقق فيه المطابقة .

( أحاسن ) ◈ تحققت فيه المطابقة .

ومثل قولنا :

الأم أعلى الناس قدرا ◈ لم تحقق فيه المطابقة .

الأم عليا الناس قدرا ◈ تحققت فيه المطابقة .

# 2ـ أسلوب التعجب

هو : " استعظام زيادة فى وصف المتعجب منه تفرد بها عن أمثاله أو قلّ نظيره فيها وقد خفى سببها ، مع التعبير عن ذلك بكلام يدل على الدهشة والاستغراب " , مثل قولنا : ( ما أجمل السماء !! )

<u>أساليب التعجب السماعية</u> :

وهى التى وضعت لغير التعجب أصلا، ثم دلت عليه بالاستعمال المجازى ,مثل :-

ـ قول الرسول ﷺ : " سبحان الله !! إنَّ المؤمن لا ينجس حيا ولا ميتا " .

ـ ومثل قولنا : ( لله دره .... ) أى عمله .

ـ كلمة " عجب " ومشتقاته ، مثل : عُجِب ، عجيب ، مثل : عجبت لمن يكذب وهو عليم عاقبة الكذب .

ـ الاستفهام القصود منه التعجب , قال تعالى:

" كيف تكفرون بالله وكنتم أمواتاً فأحياكم ...ـ" [97] .

ـ " سبحان الله " .

<u>أساليب التعجب القياسية</u> :

وهى التى تدل بلفظها ومعناها على التعجب ، وهى صورتان :

1.**ما أفعله** : ما أروع الصدق .

2.**أفعل به** : أرْوِع بالصدق .

1.<u>الصورة الأولى : ما أفعله ، وتتكون من</u> :

( ما التعجبية + فعل التعجب ( أفعل ) + المتعجب منه ) .

ـ ما : نكرة مبنية فى محل رفع مبتدأ .

ـ أفعل : فعل ماض مبنى على الفتح وفاعله مستتر وجوبا تقديره : " هو " يعود على " ما".

ـ المتعجب منه : مفعول به .

( ولكنه فى المعنى فاعل مثل : ما أجمل الصدق الأمل جَمل الصدق ) .

مثل : ما أقبح الكذب ، وإعرابها كالتالى :

ـ ما : نكرة مبنية فى محل رفع مبتدأ .

ـ أقبح : فعل ماض ( جامد ) مبنى على الفتح ، والفاعل ضمير مستتر يعود على (ما) والجملة فى محل رفع خبر .

ـ الكذب : متعجب منه مفعول به منصوب وعلامة النصب الفتحة .

1. <u>الصورة الثانية : أفعل به ، وتتكون من :</u>

( **فعل التعجب (أفعل) + الباء + المتعجب منه** ) .

ـ **أفعل** : فعل ماض على صورة الأمر ( أى على شكله الظاهر فقط دون الحقيقة المعنوية ) مبنى على السكون ( وصيغة أفعل هنا ... فعل جامد ) .

ـ **الباء** : حرف جر زائد .

ـ **المتعجب منه** : فاعل مرفوع محلا مجرورا لفظا .

مثل : ( أجمل بالسماء )

أجمل : فعل ماض جاء على صورة الأمر مبنى على السكون .

الباء: حرف جر زائد . السماء: فاعل مرفوع محلا ، مجرور لفظا ، وعلامة الرفع الضمه المقدرة .

ـ ومثل :( أقوى : أقوِ بالرجل )

<u>فوائد نحوية:</u>

1- **المصدر المؤول يأتى متعجبا منه ، وكذلك الضمير المتصل , واسم الإشارة , والاسم الموصول ؛** مثل :

ـ ( ما أجمل أن تكرم الضيف ) .

( أن تكرم ) مصدر مؤول فى محل نصب مفعول به .

ـ ما **أروعك** ـ ما أعظم **الذي** يصبر ـ أجمل **بهذا** الكتاب .

2- **يجوز الفصل بين فعل التعجب والمتعجب منه** :

ـ بالظرف ، مثل : ( ما أجبن ساعة اللقاء المنافق ) .

ـ أو يفضل بينهما بـ( كان ) الزائدة ،مثل : ( ما كان أروع الرجل ).

ـ أو بالجار والمجرور ، مثل : ( ما أجمل بالطالب أن يجتهد) .

ـ أو بالنداء ، مثل : ( ما أفضل يا رجل كلامك ) .

<u>شروط صوغ فعل التعجب:</u>

هى الشروط نفسها التى سبق شرحها فى " اسم التفضيل " .

وإذا فقد شرطا منها نتبع الطريقة نفسها فى اسم التفضيل ؛ مثل :

( لا يهمل ) ❖ ما أجدر ألا يهمل الطالب [ منفى ]

( يكرم) ❖ما أجمل أن يكرم الضيف [ مبنى للمجهول ]

( ازدحم ) ❖ما أشد ازدحام القاهرة [ غير ثلاثى ]

( زرق ) أجمل بأن تزرق السماء . [الوصف منه أفعل فعلاء ].

ـ الفعل الناسخ إذا لم يكن له مصدر ؛مثل : ( كاد ) نأتي بفعل مساعد +
المصدر المؤول مثل : ( ما أسرع ما كاد الكذب يهلك صاحبه ).

<u>**ملحوظة مهمة**</u> :

يجوز حذف المتعجب منه لدلالة الكلام عليه ؛مثل قوله تعالى:

" أَسْمِعْ بِهِمْ وَأَبْصِرْ "[98].

ـقال الشاعر : أرى أم عمرو دمعها قد تحدرا بكاء على عمرو وما كان
أصبرا

والتقدير ( وما كان أصبرها ) .

<u>**فائدة**</u>

من صيغ التعجب أيضًا ( فَعُلَ ) , مثل قوله تعالى :

" كبرت كلمة تخرج من أفواههم".[99]

.ومثل : خَبُثَ لفظا يجري على لسان الكاذب

# 3ـ أسلوب المدح والذم

* **المدح** : ما يدل على الاستحسان والثناء.
* **الذم** : ما يدل على الاستقباح والاستهجان .
يتكون أسلوب المدح والذم من صورتين :
**( الصورة الأولى ) :**

1.**فعل المدح أو الذم** : فعل ماض جامد مبنى على الفتح.( نعم – بئس – ساء )
2.**فاعل المدح أو الذم** .
3.**المخصوص بالمدح أو الذم** ، ويقصد به الاسم الذى تمدحه أو تذمه ويعرب مبتدأ تأخر أو تقدم والجملة الفعلية فى محل رفع خبر .

مثل : ( نعم الخلق الصدق ) .
نعم : فعل ماض مبنى على الفتح .
الخلق: فاعل مرفوع وعلامة الرفع الضمة والجملة الفعلية فى محل رفع خبر مقدم.
الصدق: مبتدأ مؤخر مرفوع وعلامة الرفع الضمة ( مخصوص بالمدح )
وقد يحذف المخصوص بالمدح أو الذم إذا كان مفهوما من الكلام ؛ مثل :
ـ قوله تعالى : "نِعْمَ الْمَوْلَى وَنِعْمَ النَّصِيرُ ".[100]

ـ نعم جزاء المتقين . ( الجنة).
**صورة فاعل نعم وبئس :**

1.معرف بـ ( أل ) نحو: نعم الرجل محمد .
2.مضاف إلى المعرف بأل نحو : بئس خلق الإنسان الكذب.
3.ضمير مستتر وجوبا يفسر بنكرة منصوبة على التمييز, نحو:

( نعم خلقا الصدق ).( الفاعل ضمير مستتر , وخلقا : تمييز ).

1.(ما ـمن )الموصولتان ؛ نحو : بئس ما يفعل الرجل الكذب .

**( الصورة الثانية ):**
( حبذا + المخصوص بالمدح ) ، و ( لا حبذا + المخصوص بالذم )

1.حَبَّ: فعل ماض مبنى على الفتح ، وينفى بحرف لا للذم .

2.ذا :اسم إشارة مبنى فى محل رفع فاعل .

3.المخصوص بالمدح أو الذم وهو مبتدأ مؤخر وجوبا , والجملة الفعلية خبر .

مثل : حبذا الوفاء .

حب : فعل ماض مبنى على الفتح .

ذا : اسم إشارة مبنى فى محل رفع فاعل والجملة الفعلية فى محل رفع خبر .

الوفاء : مبتدأ مؤخر مرفوع وعلامة الرفع الضمة .

ـ لاحبذا الخيانة .

لا : نافية .

حب : فعل ماض مبنى على الفتح .

ذا : اسم إشارة مبنى فى محل رفع فاعل والجملة الفعلية فى محل رفع خبر .

الخيانة : مبتدأ مؤخر مرفوع وعلامة الرفع الضمة .

**فائدة نحوية** :

ـ يعامل الفعل الذى يأتى على وزن ( فعل ) بقصد المدح أو الذم معاملة ( نعم وبئس ) ؛مثل :ـ ( شرف الرجل محمد ) .

ـ تستعمل " ساء " في الذم استعمال " بئس " ؛ مثل : ( ساء الرجل زيد ) .

ـ قد تلحق تاء التأنيث الفعلين ( نعم ـبئس ) إذا كان الفاعل مؤنثا,مثل : نعمت الفتاة أسماء .

# 4- أسلوب الاختصاص

عرفه النحاة بقولهم " اسم ظاهر معرفة قُصِدَ تخصيصه بحكم ضمير قبله " .

فهو يتكون من :-

(ضمير متكلم ( أو مخاطب أو لغائب ) + اسم مختص يحدد ما قبله منصوب على الاختصاص )

مثل: نحن ـ العرب ـ نحب السلام.

نحن : ضمير مبنى فى محل رفع مبتدأ .

العرب : مفعول به لفعل محذوف تقديره أخص أو أعنى منصوب وعلامة النصب الفتحة (المختص) .

نحب : فعل مضارع مرفوع وعلامة الرفع الضمة،والفاعل ضمير مستتر تقديره (نحن ) .

السلام : مفعول به منصوب وعلامة النصب الفتحة . والجملة الفعلية فى محل رفع خبر .

*** ( صورة المختص )**

**1- المقترن ب ( أل )** ، مثل : نحن ـ**المصريين** ـ بناة الأهرام .

المصريين : مفعول به لفعل محذوف تقديره أخص أو أعنى منصوب وعلامة النصب الياء.

**2-المضاف لمعرفة** , مثل : أنتم ـ **معاشر** العلماء ـ ورثة لأنبياء .

معاشر : مفعول به منصوب وعلامة النصب الفتحة ( المختص ) .

العلماء : مضاف إليه مجرور وعلامة الجر الكسرة .

**3-كلمة ( أى ـ أية )** ، مثل : بكم ـ **أيها** الشباب ـ تنهض الأمة .

أى : مبنية على الضم فى محل نصب مفعول به لفعل محذوف وجوبا تقديره (أخص / أعنى) والهاء للتنبيه.

الشباب : نعت مرفوع وعلامة الرفع الضمة .

**ملحوظة مهمة**

لابد من وجود الشروط السابقةفي جملة الاختصاص .

وإذا فقدت الجملة شرطا لاتعد من الاختصاص , مثل :

ـ نحن عرب .( عرب : خبر مرفوع ).

ـ أيها العلماء انهضوا . ( أسلوب نداء ).

**أغراض اسلوب الاختصاص :**

**1-الفخر**: مثل قول الشاعر :

لنا معشر الأنصار مجد مؤثل بإرضائنا خير البرية أحمدا

**2ـ التواضع والاستعطاف** ؛ مثل قول الشاعر

جُد بعفو فإننى أيها العبـــــد إلى العفو يا إلهى فقير

( أيها العبد ) منصوب على الاختصاص .

ومثل : نحن ـ اللاجئين ـ طردنا من أرضنا .

**3ـ البيان :**

نحن ـ المصريين ـ بناة الأهرام .

أنتم ـ أيها الشباب ـ أمل الشعوب .

# 5ـ أسلوب الإغراء والتحذير

ـ **الإغراء:** هو تنبيه المخاطب على أمر محمود ليلزمه , مثل :
الصلاة الصلاة يا بنى .
ـ **التحذير** : هو تنبيه المخاطب على أمر مكروه يجب الاحتراز منه , مثل :
الكسل والإهمال يا بنى .
**إعرابه** : (المغرى به،و(المحذر منه) يعرب :
مفعولا به لفعل محذوف تقديره (الزم) فى الإغراء , و(احذر) فى التحذير ).
مثل : **التفوق والنجاح فإنهما سبيل السعادة** .
التفوق : مفعول به لفعل محذوف تقديره ( الزم ) منصوب وعلامة النصب الفتحة.
ـ **النفاق يا بني** .
**النفاق** : مفعول به لفعل محذوف تقديره ( احذر) منصوب وعلامة النصب الفتحة.
**صوره:**

1.التكرار ؛ مثل : النفاق النفاق

النفاق ( الأولى ) : مفعول به لفعل محذوف وجوبا تقديره ( احذر ) منصوب وعلامة النصب الفتحة .
النفاق ( الثانية ) : توكيد لفظى منصوب وعلامة النصب الفتحة .

1.العطف ؛ مثل : الصبر والصلاة .

الصبر : مفعول به لفعل محذوف وجوبا تقديره ( الزم ) منصوب وعلامة النصب الفتحة .
الصلاة : معطوف منصوب وعلامة النصب الفتحة .

1.الإفراد ؛ مثل : الكذب فإنه سبيل الهلاك .

الكذب :ـ مفعول به لفعل محذوف جوازا تقديره ( احذر ) منصوب وعلامة النصب الفتحة .

## ملحوظة مهمة

يحذف الفعل فى حالة الإفراد جوازا ، ويحذف وجوبا فى حالتى : التكرار والعطف .

## * أسلوب التحذير باستخدام " إياك

يستعمل الضمير " إياك " فى التحذير سواء جاء مكررا أم معطوفا عليه ,مثل :

**1ـ إياك والكذب .**

إياك:ضمير مبنى فى محل نصب مفعول به لفعل محذوف وجوبا تقديره "احذر".

و : حرف عطف .

الكذب : مفعول به منصوب وعلامة النصب الفتحة لفعل محذوف وجوبا تقديره " احذر ". [ والعطف هنا من قبيل عطف الجمل ]

[ وهناك رأى يقول إنه يجوز فى كلمة الكذب أن تعرب معطوفا ] .

**2ـ إياك إياك والكذب .**

إياك:ضمير مبنى فى محل نصب مفعول به لفعل محذوف وجوبا تقديره "احذر".

إياك ( الثانية): ضمير مبني في محل نصب توكيد لفظي .

**3ـ إياك الكذب .**

ـالكذب : مفعول به ثان منصوب وعلامة النصب الفتحة .

**4ـ إياك أن تكذب .**

المصدر المؤول في محل مفعول به ثان .

# حروف الجر

<u>**حروف الجر هي:**</u>

[ من – إلى – حتى – خلا – حاشا – عدا – فى – عن – على – مذ – منذ – رُبَّ – اللام – كى – الواو- التاء – الكاف – الباء ]

مع ملاحظة أن ( خلا – عدا – حاشا ) حروف جر بشرط سبق شرحه فى باب المستثنى .

<u>**تنقسم حروف الجر قسمين :**</u>

**1.القسم الأول : ما يجر الأسماء الظاهرة والمضمرة جميعا .**

وهى الحروف ( من – إلى – عن – على – فى – الباء – اللام ) .

ـ قال تعالى " مِنْكَ وَمِنْ نُوحٍ "[101] .

ـ ( ذهبت إلى البيت ) ، ( ذهبت إليه ) .

**1.القسم الثانى : ما يجر الأسماء الظاهرة فقط.**

وهى الحروف ( حتى – الكاف – الواو – التاء – كى – مذ – منذ – رُبَّ ) على التفصيل الآتى :

**أ ـ حتى :** حرف جر بشرط أن يكون ما بعدها نهاية لما قبله ، مثل قولنا :

ـ قال تعالى " سَلامٌ هِيَ حَتَّى مَطْلَعِ الْفَجْرِ ". [102]

ـ ( ذاكرت حتى الفجر )

**ب ـ التاء:** وتجر لفظين فقط : لفظ الجلالة ( الله ) و ( رَبّ ) مضافة إلى الكعبة أو باء المتكلم ، مثل قولنا : ( تالله لأجتهدن ) . ( تَرَبِّ الكعبة ...... ) .

**ج ـ الواو :** مختصة بالقسم , مثل : والله لينتصرن الحق .

**ج ـ مذ ـ منذ :** وذلك إذا جاء بعدها اسم يدل على الزمان ؛ مثل : ( ما قرأت الشعر منذ شهر ) .

**فوائد نحوية**

ـ **( مذ ، منذ ) + اسم مرفوع = (ظرف خبر مقدم + مبتدأ مؤخر ) .** أو **(مبتدأ + خبر )** ,مثل:( منذ الوداع ما رأيته ) ـــــــ ( ما رأيته منذ يوم الخميس ) .

ـ **( مذ ، منذ ) + جملة = ظرف + مضاف إليه** ؛مثل قول الشاعر :

154

ومازلت أبغى المال مذ أنا يافعٌ وليدا وكهلا حين شبت وأمردا

( أنا يافع ) جملة اسمية فى محل جر مضاف إليه.

**دـ كى :** وتكون حرفا للجر فى موضعين :

1ـ مع ( ما ) الاستفهامية ، وتحذف ألفها ويأتى معها هاء السكت , مثل :

( كيمه ) وتحذف هاء السكت فى حالة الكلام المتصل , مثل :

كيم تجتهد ؟ أى : لم تجتهد ؟

2ـ إذا دخلت على ( أن ) المصدرية والفعل ؛مثل :

( سافرت لكى أن ألتمس العلم ).

المصدر المؤول فى محل جر , والتقدير سافرت لالتماس العلم .

وكذلك إذا دخلت على ( ما ) المصدرية والفعل ؛مثل :

إذا أنت لم تنفع فَضُر فإنما يرجى الفتى كيما يضرُّ وينفع

## زيادة ( ما ) بعد حروف الجر

**أولا : زيادة ( ما ) مع بقاء عمل حروف الجر .**

تزاد ( ما ) بعد حروف الجر ( من ـ عن ـ الباء ) فلا تؤثر فى العمل ،ويبقى لهذه الحروف عملها فى جر الاسم بعدها , مثل قوله تعالى:

" مِمَّا خَطِيئَاتِهِمْ أُغْرِقُوا فَأُدْخِلُوا نَارًا". [103]

**ثانيا : : زيادة ( ما ) مع إلغاء عمل حروف الجر .**

تـزاد ( ما ) بعد الحرفين (رُبّ ـ الكاف) فتكفهما عن العمل ،ويدخلان على الجملة الاسمية والفعلية , مثل قوله تعالى :

" رُبَمَا يَوَدُّ الَّذِينَ كَفَرُوا لَوْ كَانُوا مُسْلِمِينَ".[104]

**حرف الجر الأصلى والزائد والشبيه بالزائد**

**1.حرف الجر الأصلى :**

" هو ما له معنى خاص فى سياق الجملة ، بحيث لا يمكن الاستغناء عنه فيها كما أنه يرتبط فى الجملة بعامل من فعل أو شبه فعل " .

ومعنى ذلك :

أن حرف الجر الأصلى لا يمكن الاستغناء عنه ، وما بعده يعرب اسما مجرورا.

( يأتي بمعنى جديد ويجر الاسم بعده لفظا ومحلا )؛مثل :

( جاء العامل <u>من المصنع</u> )

ـ ( من ) : حرف جر أصلى ، لأننا لا نستطيع أن نحذفه .

ـ ( المصنع ) : اسم مجرور وعلامة الجر الكسرة .

## 1. حرف الجر الزائد :

"هو ما ليس له معنى فى سياق الجملة ، بحيث يمكن الاستغناء عنه فيها ، وإنما يؤتى به لمجرد تأكيد الكلام فقط ، كما أنه لا يحتاج إلى عامل يرتبط به من فعل أو شبه فعل " .

<u>ومعنى ذلك:</u>

أن حرف الجر الزائد يمكن الاستغناء عنه ، وما بعده يعرب حسب موقعه بحركات مقدرة بسبب حركة حرف الجر الزائد .

( لا يأتي بمعنى جديد , ويجر الاسم بعده لفظا) , مثل :

( ليس الرجل <u>بكاذب</u> ) .

كاذب : خبر ليس منصوب وعلامة النصب الفتحة المقدرة .

( منصوب محلا ، مجرور لفظا ) .

فإننا إذا حذفنا ( الباء ) لم تؤثر فى المعنى ( ليس الرجل كاذبا ) وإنما تفيد التوكيد .

***حروف الجر الزائدة (الباء ـ من ـ الكاف )**

1 ـ **الباء** : تزاد فى المواضع الآتية :

أ ـ **إذا جاءت خبرا للفعل ( ليس )**, مثل قول الشاعر :( ولست بعلام الغيوب )

ـ علام : خبر ليس مجرور لفظا منصوب محلا وعلامة النصب الفتحة المقدرة .

ب ـ **بعد ( ما ) النافية** : ( ما الطالب بمهمل ) .

جـ ـ **مع فاعل الفعل ( كفى ) أو مفعوله** , مثل : ( كفى بالحق دليلا ) .

الحق : فاعل مرفوع وعلامة الرفع الضمة المقدرة (مرفوع محلا ، مجرور لفظا ) .

ـ " كفى بالمرء إثما أن يحدث الناس بكل ما سمع" .

المرء : مفعول به منصوب محلا مجرور لفظا وعلامة النصب الفتحة المقدرة .

د ـ **فى أسلوب التعجب إذا جاء على وزن ( أفعل به )** , مثل :( أجملْ بالصدق ) .

الصدق : فاعل مرفوع وعلامة الرفع الضمة المقدرة .

ه ـ **في التوكيد بالنفس والعين** , مثل : جاء الرجل بنفسه.

**و ـ في المبتدأ إذا كان لفظ(حسب )؛مثل :**

" بحسب ابن آدم لقيمات يقمن صلبه".

**ز ـ بعد اسم الفعل (عليك)،مثل :** عليك بالصدق.

**ح ـ خبر كان المنفية؛مثل :** لم أكن بكاذب .

**2ـ(من) : تزاد بعد النفى أو النهى أو الاستفهام ،مثل :**

( ما من أحد ينكر فضل الكريم ) ، ( هل من أحدٍ يدافع عن الضعفاء ؟ )

أحد : مبتدأ مرفوع وعلامة الرفع الضمه المقدرة ( مرفوع محلا ، مجرور لفظا ) .

**3ـ ( الكاف ): تزاد في كلمة ( مثل ) وهي خبر ليس.**

ـ قال تعالى " لَيْسَ كَمِثْلِهِ شَيْءٌ ".[105] "مثله" : خبر ليس منصوب وعلامة النصب الفتحة المقدرة ( منصوب محلا ، مجرور لفظا ) .

**<u>* حرف الجر الشبيه بالزائد :</u>**

ـ هو"ما يفيد معنى خاصا ،لكنه يفتقد الارتباط وجر الاسم لفظا، لكن الاسم بعده يعرب حسب موقعه".

( يأتي بمعنى جديد مستقل ، ويجر الاسم بعده لفظا فقط).

**ـ وحرف الجر الشبيه بالزائد هو ( رُبَّ )،مثل : رُبَّ ضارةٍ نافعةٍ.** ضارة : مبتدأ مرفوع وعلامة الرفع الضمه المقدرة (مرفوع محلا ، مجرور لفظا) .

*** وقد تحذف ( رُبّ ) بعد حروف ثلاثة هى ( الواو ـ الفاء ـ بل ) ؛مثل :**

وليلٍ كموج البحر أرخى سدوله علىَّ بأنواع الهموم ليبتلى

ليلٍ : مبتدأ مرفوع وعلامة الرفع الضمه المقدرة . والتقدير ( ورُبَّ ليلٍ ) .

ومثل : بل بلدٍ ملءُ الفجاج قَتَمُه . ( القتم : الغبار )

**<u>فوائد نحوية :</u>**

ـ ( رُبَّ ) تفيد التقليل أو التكثير بحسب المعنى ، ولا تجر إلا النكرات .

إذا دخلت على ضمير الغيبة المفرد المذكر يعرب الاسم المنصوب بعدها تمييزا منصوبا .

مثل قول الشاعر :

رُبَّهُ فتيةٍ دعوتُ إلى ما يُورِثُ المجدَ دائبا فأجابوا

# الإضافة

## الإضافة فى اصطلاح النحاة :
" إسناد اسم إلى آخر ، حيث يصبح الثانى منزلا منزلة تنوين الأول أو ما يقوم مقام تنويه " .

مثل : ( قرأت كتاب النحو ) ، ويتكون التركيب الإضافى من :

1. **المضاف** : ويعرب حسب موقعه فى الجملة ,مثل

( كتاب ) : مفعول به منصوب وعلامة النصب الفتحة

1. **المضاف إليه** : ويكون مجرورا دائما ,مثل :

( النحو ) ، مضاف إليه مجرور وعلامة الجر الكسرة .

## ما يحذف للإضافة
يحذف من المضاف :

1. **التنوين** ، نقول : قابلت طالبَ الحق .
2. **النون** ، نقول : جاء مدرسو المدرسة .
3. **( أل )** التعريف ، نقول : نحرص على أمن الوطن .

ويجوز بقاء ( أل ) فى ثلاث حالات :

أ ـ إذا كان المضاف وصفًا مثنى أو مجموعا جمع مذكر سالما ,مثل:
( قابلت القارئى كتابى )

ب ـ إذا كان المضاف إليه مقترنا بالألف واللام ,مثل :
القائل الحق يستحق التكريم .

جـ ـ إذا كان المضاف إليه مضافا لما فيه الألف واللام ,مثل :
القائل كلمة الحق يستحق التكريم .

## الأسماء الملازمة للإضافة

### أولا : ما تلزم إضافته للضمائر :

1. **كلمة ( وَحدْ )** ,مثل : ( جاء الرجل وحده ) : وتعرب حالا .
2. **مصادر مثناه اللفظ يقصد بها التكرار** ,مثل :

ـ لبيك ( إجابة بعد إجابة ) . ـ سعديك ( إسعادا لك بعد إسعاد ) .

ـ دواليك ( متابعة لك بعد متابعة ) . ـ حنانيك ( حنانا لك بعد حنان ) .

ـ هذاذيك ( إسراعا بعد إسراع ) .

وتعرب مفعولا مطلقًا لفعل محذوف والتثنية هنا لفظية ، وتضاف لضمير المخاطب .

### ثانيا : ما تلزم إضافته إلى الجمل :

1. **حيثُ** : وتضاف إلى الجملة الاسمية والفعلية ,مثل : ـ ذهبت حيث الخير موجود .
2. **إذْ** : وتضاف أيضًا إلى الجملة الاسمية والفعلية ,مثل : ـ فرحتُ إذ تفوق طلابى .

1. **إذا** : ولا تضاف فى الرأى المشهور إلا إلى الجملة الفعلية ,مثل : ـ إذا جاء الرجل أكرمته .

فإن جاء بعدها اسم مرفوع أو ضمير للغائب يعرب كالتالي:

1- إن كان الفعل مبنيا للمعلوم يعرب فاعلا لفعل محذوف يفسره المذكور بعده ,مثل : إذا الشعب يوما أراد الحياة فلا بد أن يستجيب القدر

2- وإن كان الفعل مبنيا للمجهول يعرب نائبا للفاعل ......؛مثل : إذا الجود لم يُرزق خلاصا من الأذى فلا الحمد مكسوبا ولا المال باقيا

3- وقد يعرب الاسم توكيدا للفاعل المحذوف إذا كان الضمير بعدها متكلما أو مخاطبا ,مثل : إذا أنت لم تشرب مرارا على القذى ظمئت وأي الناس تصفو شاربه

4- على رأى الفريق الذى يذهب إلى إضافة إذا إلى الجملة الاسمية ( مبتدأ ) .

**فوائد نحوية :**

تعامل بعض الظروف المبهمة مثل: (حين ـ وقت ـزمان ـ يوم ـ ساعة ....إلخ ) معاملة (إذ ، إذا ) فتجوز إضافتها إلى الجملة ,مثل :

( ذهبت إلى أسوان حين نزل الشتاء ) بشرط أن تبقى على إبهامها .

ويجوز فيها الإعراب والبناء ويكون البناء أرجح إذا كان المضاف إليه جملة فعلية فعلها مبني ؛ مثل:ـ

على حين عاتبت المشيب على الصبا وقُلتُ : ألمّا أصْحُ والشيب وازعُ ؟

ـ ( حين ) : مبنية على الفتح فى محل جر . و(حين): مجرورة بحر الجر ( على ) .

**ثالثا : ما تلزم إضافته إلى الظاهر أو الضمير :**

**1.كلا كلتا:**

ـمثل : رأيت الطالبين كليهما. أو رأيت كلا الطالبين .

[ وقد سبق الحديث عنها فى باب الملحق بالمثنى ]

**1.أى:**

ـوتقع موصولة أو استفهامية ،أو شرطية ،أو حالا من المعرفة ،أو صفة للنكرة، مثل : أي كتابٍ تقرأ ؟ ، قرأت فى المكتبة كتابا أيِ كتاب ( صفة ) .

**1.لدُنْ :**

ـ ظرف يدل على ابتداء غاية زمان أو مكان ، وهى مبنية على السكون . وتعرب مبنية على السكون فى محل جر اسم مجرور إذا سبقت بـ ( من ) . قال تعالى " وَعَلَّمْنَاهُ مِنْ لَدُنَّا عِلْما" [106]

**1.مع :**

ـ" وهو اسم لمكان الاجتماع معرب " ,مثل : ( جلست مع صديقى ) وإذا نونت ,كانت بمعنى ( جميعا ) فإنها تعرب حالا , مثل : ( ذهبنا إلى الحديقة معا ) .

## 1. قصارى

ـ مثل ( قصارى القول ) أى غايته ، ( قصارك ) أى جهدك .

### فوائد نحوية :

الظروف المبهمة ,مثل :

( قبل ـ بعد ـ أول ـ دون ـ أمام ـ خلف ـ يمين ـ ليس غير ـ شمال ـ فوق ـ تحت ـ عَلُ ) من الأسماء الملازمة للإضافة ولها الحالات الآتية :

1- أن تكون منونة ، وهى حينئذٍ نكرة و معربة ,مثل قول الشاعر :ـ

فساغ لى الشراب وكنتُ قَبْلا أكادُ أغص بالماء الفراتِ

2- أن تكون مضافة ، فتعرب حسب موقعها ,مثل : ـ

( لا تذم أخاك من خلف ظهره ) ، ( قرأت كتابا ليس غيره ) .

3- أن تكون غير منونة و غير مضافة ، لها شكلان :

أ ـ تبنى على الضم ؛ مثل :ـقوله تعالى " لِلَّه الأَمْرُ مِنْ قَبْلُ وَمِنْ بَعْدُ" [107]

ب ـ أن تشكل بحسب موقعها فى الجملة ، مثل قول الشاعر :ـ

ومن قبلِ نادى كلُّ مولى قرابة فما عطفت مولى عليه العواطف .

لذلك قُرئ قوله تعالى " لِلَّه الأَمْرُ مِنْ قَبْلُ وَمِنْ بَعْدُ". :ـ

بكسر الكلمتين مع التنوين ـ وبالكسر دون التنوين ـ وبالضم دون التنوين .

### أقسام الإضافة

### 1ـ الإضافة اللفظية ( غير المحضة )

ويعرفها النحاة بقولهم :" عبارة عما اجتمع فيه أمران : أمر فى المضاف ، وهو كونه صفة ( اسم فاعل ، اسم مفعول ، صفة مشبهة ) ، وأمر فى المضاف إليه ، وهو كونه معمولا لتلك الصفة".

[ وهذا النوع من الإضافة لا يستفيد منه المضاف تعريفا ولا تخصيصا ....]

فمثلا : ( قائلُ الحقِ ) إضافة لفظية ، لأنها أفادت أمرا لفظيا فقط هو التخفيف بحذف التنوين من المضاف ، وكذلك النون فى قولنا ( قائلو الحق ) .

وإضافة غير محضة بمعنى غير خالصة للإضافة ، لا يترتب عليها تعريف الاسم أو تخصيصه .

### 2ـ الإضافة المعنوية ( المحضة )

وهى الإضافة الحقيقية ، وهى ما انتفى منها الشرطان المذكوران أو أحدهما .

وهى ( معنوية ) لأنها أفادت أمرا معنويا هو :

ـ التخصيص إن كان المضاف إليه نكرة .

ـ وتعريف المضاف إن كان ما أضيف إليه معرفة .

و ( محضة ) ؛ لأنها خالصة بالإضافة , مثل : ( كتاب علمٍ ، كتاب النحو ) .

**فائدة**

قد يكتسب المضاف المذكر من المؤنث المضاف إليه التأنيث , بشرط أن يكون المضاف إليه صالحا للحذف وإقامة المضاف إليه مقامه , مثل :

ـ ( قطعت بعض أصابعه ) . فقد صح تأنيث كلمة ( بعض ) لإضافتها إلى أصابع وهو مؤنث , ولصحة الاستغناء بأصابع عنه , فنقول : " قطعت أصابعه" .

ويجوز أيضا أن يكتسب المضاف المؤنث التذكير من المذكر المضاف إليه بالشرط الذي تقدم .

قال تعالى : " إن رحمت الله قريب من المحسنين" . [108]

فإن لم يصلح المضاف للحذف والاستغناء بالمضاف إليه عنه لم يجز التأنيث :

فلا نقول : " خرجت غلام هند " . إذ لا يقال : "خرجت هند" .

# التوابع

**التابع** : هو الاسم المشارك لما قبله فى الإعراب مشاركة مطلقة , مثل :
- ( قرأت كتابا <u>جديدا</u> ) .

جديدًا : نعت منصوب وعلامة النصب الفتحة الظاهرة .

**والتوابع خمسة أنواع :**

**[ النعت ــ التوكيد ــ عطف البيان ــ عطف النسق ــ البدل ] .**

**أولا : النعت**

" هو الاسم المشتق أو المؤول بالمشتق الذى يكمل به المنعوت ببيان صفة من صفاته أو من صفات اسم آخر له صلة بالمنعوت " .

لذلك قالوا إن ( النعت يوضح المعارف ويخصص النكرات ) ، مثل : -
- ( تفوق الطالب <u>المجتهد</u> ) نعت معرفة يوضح ماقبله .
- ( تفوق طالب <u>مجتهد</u> ) نعت نكرة يخصص ما قبله .

وهو كذلك يفيد بعض المعانى البلاغية ، مثل :

[ المدح ، الذم ، الترحم والاستعطاف ، التوكيد ، التعميم ، التفصيل ].

مثل : ( قابلنى رجل <u>كريم</u> ) .

*** <u>ما يُنْعَت به</u>**

الأصل فى النعت أن يكون مشتقا :

( اسم فاعل ــ اسم مفعول ــ صفة مشبهة ــ صيغ مبالغة ــ أفعل التفضيل).

مثل : هذا رجل <u>عادل</u> / هذا رجل <u>مظلوم</u> .

**<u>وقد يأتى غير مشتق ؛ مثل</u> :**

1. **اسم الإشارة** : قابلت صديقى <u>هذا</u> ( اسم إشارة مبنى فى محل نصب نعت ) .
2. **الاسم الموصول** : نجح الطالب <u>الذى</u> يؤدى عمله .
3. **( ذو )** بمعنى صاحب / ذات / أولو / أولات ... ) : ( أقدر كل فتاة <u>ذات</u> خلق ) .
4. **الاسم المنسوب** : ( إن القصائد <u>الوطنية</u> عظيمة )
5. **أسماء العدد** : ( قرأت درس الأفعال <u>الخمسة</u> ) .
6. **المصدر** : هذا رجل <u>عدل</u> .
7. **ما دل على تشبيه** : هذا جندي <u>أسد</u> .
8. **" كل "** : النجاح <u>كل</u> النجاح أن تحقق هدفك.

9. **" أيّ "** التى يراد بها الكمال : الرجل الشجاع أى شجاع .

10. **كلمة " ما "** الدالة على التنكير والإبهام : قم بعمل ما .

11. **غير , ومثل** : أنت صديق غير كاذب .

12. **أيها ـ أيتها +الاسم المعرف = نعت** ,مثل : أيها الرجل ,انهض .

13. **اسم إشارة + الاسم المعرف(منادى)= نعت مرفوع** ,مثل : ياهذا الرجل.


## النعت الحقيقى والنعت السببى :

**1ـ النعت الحقيقى:** " هو ما يصف ما قبله ويتبعه فى :ـ

( الإعراب ـ التعريف والتنكير  ـ الإفراد والتثنية والجمع ـ التذكير والتأنيث ).

مثل : أفلح المؤمن الخاشع. ( الخاشع نعت مرفوع وعلامة الرفع الضمة).

ـ أفلح المؤمنان الخاشعان. ( الخاشعان نعت مرفوع وعلامة الرفع الألف).

ـ أفلح المؤمنون الخاشعون . ( الخاشعون نعت مرفوع وعلامة الرفع الواو ).

ـ أفلحت المؤمنات الخاشعات . ( الخاشعات نعت مرفوع وعلامة الرفع الضمة ).

**2ـ النعت السببى :** ـ

هو ما يتجه للاسم بعده أو ما عرفه النحاة بقولهم :

" ما اتجه من حيث المعنى لوصف اسم ظاهر بعده مرفوع ، واتجه من حيث اللفظ إلى المتبوع السابق عليه ، ووجدت الصلة بين المتبوع المتقدم والموصوف المتأخر بضمير يحمله الاسم اللاحق . "

ـ يطابق ما قبله فى الإعراب وفى التعريف والتنكير .

ـ يطابق ما بعده فى الإفراد والتثنية والجمع والتذكير والتأنيث .

مثل قوله تعالى :" رَبَّنَا أَخْرِجْنَا مِنْ هَذِهِ الْقَرْيَةِ الظَّالِمِ أَهْلُهَا". (109)

الظالم : نعت مجرور وعلامة الجر الكسرة ( نعت سببى ) يصف ما بعده .

أهلها : فاعل مرفوع وعلامة الرفع الضمة ، والهاء ضمير مبنى فى محل جر مضاف إليه .

# أنواع النعت

**1.مفرد** : وهو ما ليس جملة ولا شبة جملة , مثل :

( تعلمت فى مدرسة <u>جميلة</u> ) . ( جميلة : نعت مجرور وعلامة الجر الكسرة ).

**1.جملة** : تأتى الجملة الاسمية والفعلية نعتا بشرط أن يكون المنعوت نكرة وتشتمل على رابط يربطها بالمنعوت وهو الضمير ، مثل :

( جاء جندى <u>يحمل السلاح</u> ) : يحمل السلاح جملة فعلية فى محل رفع نعت .
( جاء جندى <u>عزيمته قوية</u> ) . ( عزيمته قوية : جملة اسمية فى محل رفع نعت ).

**<u>فائدة نحوية</u>**
قال النحاة : " ويصح أن تقع الجملة صفة للاسم الذى اتصلت به ( أل ) الجنسية":ـ مثل :(الطالب ـ الإنسان ـ المرأة ـ الرجل),مثل : (ولقد أمر على اللئيم <u>يسبنى</u>) لذلك يجوز أن تكون جملة ( يسبنى ) صفة .

**1.<u>شبة الجملة</u>** : ( الظرف والجار والمجرور) .

ويشترط فيه أيضًا أن يقع بعد نكرة ؛ مثل :( وُضع طعامٌ فوق المائدة ) .
ـ ( فوق المائدة ) شبة جملة فى محل رفع نعت .
ومثل قولنا : ( هذا طالب بلا علم ) .
( بلا علم ) جار ومجرور شبة جملة فى محل رفع نعت .
**قاعدة نحوية** : ( الجمل وأشباه الجمل بعد النكرات صفات ).
**قطع النعت عن المنعوت** :
إذا كان المنعوت معلوما ومعروفا بدون النعت جاز قطع النعت عن المنعوت .

ومعنى القطع : قطع الصلة بين النعت والمنعوت ، فلا يتبعه فى الإعراب .
<u>ويجوز فيه إعرابان</u> :

**1.**أن يرفع على أنه خبر لمبتدأ محذوف .
**2.**أن ينصب بفعل محذوف وجوبًا .

قال تعالى :" وَامْرَأَتُهُ حَمَّالَةَ الْحَطَبِ "[110] .

حمالة : مفعول به لفعل محذوف تقديره (أذم) منصوب وعلامة النصب الفتحة .

* ومثل : حفظت قصيدة لعنترة الشاعرُ أو الشاعرَ .

ـ الشاعرُ : خبر لمبتدأ محذوف تقديره ( هو ) ، وعلامة الرفع الضمة .

ـ الشاعرَ : مفعول به منصوب وعلامة النصب الفتحة .

### حذف النعت أو المنعوت :

يجوز حذف النعت أو المنعوت ، إذا كان معلوما من سياق الكلام ، مثل :

1.قال تعالى : " أَنِ اعْمَلْ سَابِغَاتٍ "[111] . والتقدير ( دروعا سابغات ) .

2ـ قال تعالى :" وَكَانَ وَرَاءَهُمْ مَلِكٌ يَأْخُذُ كُلَّ سَفِينَةٍ غَصْبا "[112] . والتقدير ( كل سفينة صالحة ) .

# ثانيا : التوكيد

هو استخدام أساليب معينة ، وذلك بغرض تقوية الكلام وتثبيته عن طريق :
1ـ إعادة اللفظ نفسه ، وهو ما يطلق عليه : ( التوكيد اللفظى ).
2ـ ألفاظ خاصة بالتقوية والتثبيت : ( التوكيد المعنوى ) .

## 1ـ التوكيد اللفظى

هو إعادة اللفظ الأول بعينه ،ويكون فى الأسماء والأفعال والحروف ,مثل :ـ
1ـ ( الصلاةَ الصلاةَ يا بنى ). ( توكيد الاسم ) .
الصلاةَ : مفعول به لفعل محذوف تقديره الزم،منصوب وعلامة النصب الفتحة.
الصلاةً: توكيد لفظى منصوب وعلامة النصب الفتحة .
2ـ( ذهب ذهب الصديق المخلص ). (توكيد الفعل ) .
3- لا لا أبوح بحُبٍّ بثنة إنها أخذت علىَّ مواثقا وعهودا
( توكيد الحرف ) .
ـ وفى توكيد الحروف لفظيا يؤكد الحرف فقط مع :
[ نعم ـ لا ـ بلى ـ إى ـ أجل ] .
ـ أما فى الحروف الأخرى فيجب إعادة الحرف مع ما يتصل بالحرف المؤكد مثل:.
( بالمدرسة بالمدرسة علم نافع ).

## توكيد الجملة

تعاد الجملة بألفاظها ، وربما اقترنت الثانية بحرف من حروف العطف ,مثل :ـ

قوله تعالى :" كَلاَّ سَيَعْلَمُونَ (4) ثُمَّ كَلاَّ سَيَعْلَمُونَ (5)".[113]

## توكيد الضمير لفظيا

1ـ الضمير المنفصل يؤكد لفظيا بالضمير المنفصل ؛ مثل :أنت أنت المتفوق .

2ـ الضمير الرفع المنفصل يجوز أن يقع توكيدًا لفظيًا لأى ضمير متصل.
مثل :ـ ( أكرمتك أنت ) ،( جئت أنا ) .

## 2ـ التوكيد المعنوى

ويكون عن طريق ألفاظ خاصة بالتوكيد هى :ـ
[ كلا وكلتا ـ كل ـ جميع ـ نفس ـ عين ـ أجمع ] .

1.**كلا وكلتا**: يؤكد بهما المثنى ( كلا : للمثنى المذكر ، كلتا : للمثنى المؤنث ).

ولا بد من إضافتهما إلى ضمير يطابق المؤكد ، مثل : ( جاء الطالبان كلاهما ).

كلاهما : توكيد معنوى مرفوع وعلامة الرفع الألف لأنه ملحق بالمثنى .

1.**كل ـ جميع**:ـ للمفرد ذى الأجزاء والجمع ولا يستعملان للمثنى ، ولابد من إضافتهما لضمير يطابق المؤكد ,مثل :

ـ ( أكلت الطعام كلـه ) .

ـ(تفوق الطلاب كلهم ). كلهم : توكيد مرفوع وعلامة الرفع الضمة .والضمير في محل جر مضاف إليه .

<u>فائدة</u> : كلمة ( عامة ) تأتى توكيدا مثل كلمة ( كل ) , مثل :

ـ ( حضر الطلاب عامتهم ).

1.**( نفس ـ عين )**: يستعملان مع المفرد والمثنى والجمع .

ـ يجمعان على وزن ( أفعل ) مع المثنى والجمع كليهما .

ـلابد من إضافتهما لضمير يطابق المؤكد ,مثل:

ـ ( تفوق محمد وعلى أنفسهما تفوقا عظيما ) .

ـ ( قابلت الرجل نفسه ) .نفسه : توكيد منصوب وعلامة النصب الفتحة والضمير في محل جر مضاف إليه .

**ملحوظة مهمة جدا**

1ـ **قد يدخل حرف الجر الزائد ( الباء ) على الكلمتين ( نفس ـ عين ) فتأخذ الجملة أحكام حرف الجر الزائد,مثل** :(حضر صديقى بعينه) بـــ :حرف جر زائد عينه : توكيد مجرور لفظا مرفوع محلا وعلامة الرفع الضمة المقدرة والهاء ضمير مبنى فى محل جر مضاف إليه .

2ـ**( كلا ـ كلتا ـ كل ـ جميع ـ نفس ـ عين ) لابد أن تتصل بضمير وتكون زائدة ليست أصلية فى الجملة ,مثل** :

1.**الطالبان كلاهما مجتهد الطالبان كلاهما مجتهدان**

مبتدأ ثان مرفوع .. الألف توكيد مرفوع .. الألف
( كلمة أصلية ) ( زائدة )

**1. عرف الرجل حقيقة <u>نفسه</u> جاء الرجل <u>نفسه</u>**

مضاف إليه مجرور .. الكسرة توكيد مرفوع .. الضمة
( كلمة أصلية ) ( زائدة )

**<u>1.أجمع: ( جمعاء ـ أجمعون ـ جُمع )</u>**

تستعمل لتوكيد المفرد والجمع فقط ، ولا تتصل بضمير يعود على المؤكد
,مثل:

قول القرآن :" فَبِعِزَّتِكَ لأغْوِيَنَّهُمْ أَجْمَعِينَ "[114].
وإذا جاء بعد ( كل ) تفيد زيادة التوكيد ,مثل قوله تعالى :
" فَسَجَدَ الْمَلائِكَةُ كُلُّهُمْ أَجْمَعُونَ ". [115]
**<u>توكيد الضمير معنويا</u>**
ـ تؤكد الضمائر معنويا مثل الأسماء ,مثل : ( هم أنفسهم يخلصون العمل ) .
ـ يُستثنى من ذلك الضمير المتصل المرفوع فإنه إذا أريد توكيده بالنفس أو
العين لم يصح ذلك إلا بعد توكيده بضمير آخر منفصل ,مثل :
( الطلاب ذهبوا إلى المدرسة ) .
عند التوكيد نقول : ( الطلاب ذهبوا هم أنفسهم إلى المدرسة ) .
ـ **ملحوظة مهمة** يؤكد الضمير المتصل لفظيا بضمير منفصل مماثل له في
النوع والعدد؛مثل : كتبت أنا الدرس .
ويؤكد معنويا بـألفاظ التوكيد : ( كل ـ جميع ـ كلا ـ كلتا ) ,مثل :
كتبوا كلهم الدرس .

# ثالثا : البدل

يعرفه النحاة بقولهم : " هو التابع المقصود بالحكم بلا واسطة " .

مثل : ( جاء الأمير محمد ) .

الأمير : فاعل مرفوع وعلامة الرفع الضمة. ( مبدل منه )

محمد : بدل مرفوع وعلامة الرفع الضمة ، وهو المقصود بالحكم فى الجملة وقد جاء مع المبدل منه بدون واسطة بخلاف المعطوف فإنه يأتى بواسطة حرف حروف العطف .

ـوفى قولنا : جاء محمد الأمير .

الأمير : نعت لأن المعنى المقصود يتجه إلى محمد، وكلمة الأمير نعت يوضح المنعوت.

ـمن علامات البدل أيضا أنه يمكن الاستغناء عن المبدل منه ووضع البدل موضعه ويستقيم معنى الجملة .

ـ مثل : ـ أعجبنى الولد خلقه . (بدل)

نقول : أعجبنى خلق الولد (فاعل ) .

ومثل : ـ( تولى الفاروق عمر بن الخطاب الخلافة ) .

نقول : تولى عمر بن الخطاب الخلافة .

ويذكر المبدل منه فى الجملة تمهيدا لذكر البدل .

## أنواع البدل

## 1.بدل الكل من الكل ( البدل المطابق ) .

ويكون فيه المبدل هو عين المبدل منه ، يساويه فى المعنى ,مثل قوله تعالى :-

" اهْدِنَا الصِّرَاطَ الْمُسْتَقِيمَ (6) صِرَاطَ الَّذِينَ أَنْعَمْتَ عَلَيْهِمْ "[116]

( صراط : بدل منصوب ) .

ـ جاء الصديق أبو بكر . ( أبو : بدل مرفوع).

## 1.بدل البعض من الكل

ويكون البدل جزءا من المبدل منه ,مثل : قرأت الكتاب نصفه .

( نصف : بدل منصوب ).

ـ قال تعالى :" يَا أَيُّهَا الْمُزَّمِّلُ (1) قُمِ اللَّيْلَ إِلاَّ قَلِيلاً (2) نِصْفَهُ أَوِ انْقُصْ مِنْهُ قَلِيلا (3) "[117].

ـ قرأت عن الشيخين: أبي بكر وعمر . ( أبي : بدل مجرور وعلامة الجر الياء ).

ويكون فى البدل ضمير يعود على المبدل منه .

## 1.بدل اشتمال

وهو الدال على معنى فى متبوعه ، ولايكون البدل فيه جزءا أساسيا من المبدل منه ,مثل قوله تعالى :" يَسْأَلُونَكَ عَنِ الشَّهْرِ الْحَرَامِ قِتَالٍ فِيهِ "[118] . كلمة (قتال) بدل (اشتمال من الشهر الحرام) مجرور وعلامة الجر الكسرة .

ـ " أعجبنى الطالب خلقه " . ( خلق:بدل مرفوع وعلامة الرفع الضمة ).

ـ أعتز بالوطن تاريخه العظيم . ( تاريخ : بدل ).

## فوائد نحوية

1.لا يشترط التوافق بين البدل والمبدل منه فى التعريف والتنكير .

2.إذا أبدل من اسم الاستفهام وجب دخول همزة الاستفهام على البدل .

مثل :ـ ( من تفوق ؟ أمحمدٌ أم على )

1.يجوز أن يبدل الفعل من الفعل أو الجملة من الجملة ، مثل:

ـقوله تعالى :

" وَمَنْ يَفْعَلْ ذَلِكَ يَلْقَ أَثَاما (68) يُضَاعَفْ لَهُ الْعَذَابُ يَوْمَ الْقِيَامَةِ" [119]

(يضاعف ) بدل من (يلق ) فإعرابه بإعرابه وهو الجزم .

ومن بدل الجملة:ـ

قوله تعالى :" وَاتَّقُوا الَّذِي أَمَدَّكُمْ بِمَا تَعْلَمُونَ (132) أَمَدَّكُمْ بِأَنْعَامٍ وَبَنِينَ (133) وَجَنَّاتٍ وَعُيُونٍ (134)". [120]

جملة ( أمدكم الثانية ) بدل من الأولى .

1.ضمير الغيبة يبدل منه الظاهر مطلقا ، مثل :ـ

( أكرمتهم جميعا المتفوقين والمتفوقات ) كلمة ( المتفوقين ) بدل من الضمير

( الهاء ) .

ـ قال تعالى :" ونرِثُهُ مَا يَقُولُ". ([121]) ، ( ما ) بدل من الضمير ( الهاء ) .

1. يجوز أيضا أن يبدل من ضمير المتكلم أو المخاطب إذا كان البدل بدل بعض من كل أو بدل اشتمال ؛مثل قول الشاعر :ـ

بلغنا السماءَ مجدُنا وسناؤنا وإنا لنرجو فوق ذلك مظهرا

( مجدنا ) بدل من ضمير المتكلمين في (بلغنا) بدل اشتمال .

1. إذا كان الضمير للمتكلم أو المخاطب ، يأتى منه البدل بشرط أن يدل على إحاطة ( بدل الكل من الكل ) .

قال تعالى : " رَبَّنَا أنزِلْ عَلَيْنَا مَائِدَةً مِنْ السَّمَاءِ تَكُونُ لَنَا عِيدا لأَوَّلِنَا وَآخِرِنَا ". ([122])

( لأولنا ) : بدل من الضمير فى ( لنا ) .

1. إذا حذف الضمير من بدل الاشتمال أو من بدل البعض من كل أعربت الكلمة تمييزا ؛ مثل :

ـ أعجبني الولد خلقه . ( خلق : بدل ).
ـ أعجبني الولد خلقا . ( خلقا : تمييز ).


**من أنواع البدل أيضا :**

**1ـ بدل الإضراب (البداء)**
يقصد الاسم الأول ثم يعدل عنه إلى الثانى .
وسمى ( البداء ) : بسبب ظهور أمر آخر للمتكلم جعله يعدل عن الأول إلى الثانى
مثل : ( هذا صديقى أخى ) .
ـ ( قصد الظمآن ماء سرابا ) .
**2ـ بدل الغلط**
يقصد المتكلم أمرا ، ثم يتبين له غلطه ، فيعدل عنه إلى الصحيح ,مثل :ـ
ـ ( ذاكرت النحو الأدب ) .

ـ ( قابلت محمدا عليا ) .

<u>3ـ بدل النسيان</u>

أن يذكر الإنسان شيئا ثم يتبين له فساد قصده بسبب السهو والنسيان فيذكر الصواب , مثل :

ـ ( عشت فى المدينة القرية ) .

## <u>ملحوظة مهمة</u>

1ـ بدل الغلط متعلق بخطأ اللسان.

2ـ بدل النسيان متعلق بخطأ العقل.

# رابعا : عطف البيان

يعرفه النحاة بأنه :" التابع الجامد المشبه للنعت فى إيضاح متبوعه أو تخصيصه وعدم استقلاله " .

<u>ويتضح لنا من التعريف السابق أن :</u>

1. عطف البيان يشبه النعت فى أنه يوضح متبوعه إذا كان معرفة ، ويخصصه إذا كان نكرة ، مثل قوله تعالى :" يُوقَدُ مِنْ شَجَرَةٍ مُبَارَكَةٍ زَيْتُونِةٍ ".([123])

ومثل ـ حكم الفاروق <u>عمر</u> بين الناس بالعدل .

1. يطابق عطف البيان متبوعة فى الإعراب والإفراد والتثنية والجمع والتذكير والتأنيث والتعريف والتنكير ,مثل : حفظت قصيدة لأمير الشعراء <u>أحمد</u> شوقى .
2. عطف البيان اسم جامد أما النعت اسم مشتق أو مؤول به .
3. عطف البيان يكشف قصد المتكلم من المتبوع ببيانه أما النعت يوضح المتبوع ببيان صفة من صفاته .

قال تعالى :" وَيُسْقَى مِنْ مَاءٍ صَدِيدٍ ".([124])

<u>*عطف البيان والبدل</u>

ذهب النحاة إلى أن :

ـ" كل اسم صح إعرابه عطف بيان، صح أن يحكم عليه بأنه بدل كل من كل".

مثل قولنا : قرأت قصة الأيام لعميد الأدب العربى طه حسين .

إلا فى حالتين :

1. إذا كان ذكر التابع واجبا ، فإنه يعرب عطف بيان لا بدلا ، وذلك إذا كان التابع مشتملا على ضمير ، والمتبوع جزءا من جملة واقعة خبرا وليس فى هذه الجملة ضمير يربطها بالمبتدأ ,مثل : فاطمة تفوق علىَّ أخوها .
2. إذا امتنع إحلال التابع محل متبوعه ،أعرب عطف بيان وامتنع إعرابه بدلا مثل:-

1- يا زيد الحارث . ( حتى لا تجتمع (يا) مع ( أل ) ) .

174

2ـ أنا المُكرم الطالب محمدٍ . ( لا يصح الإضافة مع أل).

3ـ أيا أخوينا عبد شمس ونوفلا أعيذكما بالله أن تحدثا حربا

(عبد شمس , نوفلا ) لا يمكن وضعهما مكان المنادى؛لأن الثاني منصوب وكان يجب بناؤه على الضم .

***من مواضع عطف البيان**

1.العلم بعد الكنية أو اللقب , مثل :

ـ [ الصديق أبو بكر ، أبو حفص عمر بن الخطاب ] .

1.الاسم المحلى بالألف والام بعد أسماء الإشارة , مثل :

ـ [ هذا الرجل صادق ] . اسم الإشارة يعود عليه.

1.الكلمة المفسرة لغيرها ،سواء أكان معها حرف التفسير ( أئ ) أم لا , مثل:العشق: يقصد بالعشق : مجاوزة الحد فى الحب ـ الحد : أى المنتهى .

# خامسا : عطف النسق ( العطف )

## (المعطوف والمعطوف عليه)

" هو التابع الذي يتوسط بينه وبين متبوعه أحد حروف العطف " .

النسق اسم مصدر بمعنى المنسوق من نسقت الكلام أي عطفت بعضه على بعض وحروف العطف هي : -

[ الواو ــ الفاء ــ ثُمَّ ــ حتى ــ أم ــ بل ــ لكن ــ لا ــ أو ] .

**1.الواو: وتفيد الجمع من غير ترتيب، مثل :**

ـ قال تعالى :" فَأَنجَيْنَاهُ وَأَصْحَابَ السَّفِينَةِ ".(125]) .

أصحاب : معطوف منصوب وعلامة النصب الفتحة .

ـ ( ذاكرت النحو والأدب ) . الأدب : معطوف منصوب وعلامة النصب الفتحة .

**1.الفاء: : تفيد الترتيب والتعقيب ، فالمعطوف عليه يحدث أولا ثم المعطوف مباشرة**

مثل : ( جاء محمد فعلي ) علي : معطوف مرفوع وعلامة الرفع الضمة .

ـ وكثيرا ما تقتضي التسبب وهو أن يكون المعطوف مسببا عن المعطوف عليه .

قال تعالى :" فوكزه موسى فقضى عليه... "[126] .

**1.ثُمَّ :تفيد الترتيب والتراخي ،فالمعطوف عليه يحدث أولا ثم المعطوف وبينهما مهلة ووقت ممتد , مثل :**

( جاء محمد ثم علي ) ويعنى ذلك أن محمدا جاء ثم بعد مجيئه جاء ( علي ) وبينهما وقت .

**1.حتى : تفيد التدريج والغاية .**

يقول النحاة : " ومعنى التدريج أن ما قبلها ينقضى شيئا فشيئا إلى أن يبلغ إلى الغاية وهو الاسم المعطوف", مثل : ( قدم الحجاج حتى **المشاة**).

(المشاة : معطوف مرفوع وعلامة الرفع الضمة).

ـ ويشترط أن يكون المعطوف بها اسما ظاهرا ، وأن يكون جزءا من المعطوف عليه غاية في زيادة حسية أو معنوية أو نقص , مثل :

ـ الإنسان يجزى بعمله حتى <u>القليل</u> منه .( نقص )

ـ مات الناس حتى <u>الأنبياء</u>. ( الأنبياء : معطوف مرفوع وعلامة الرفع الضمة).

( زيادة معنوية )


**1.أو**: وتفيد :


<u>التخيير</u> : اقرأ الكتاب أو **القصة** .

<u>الشك</u> : حفظت قصيدة أو **قصيدتين** .

<u>الإباحة</u> : جالس العلماء أو **الزهاد** .

<u>الابهام</u> : قال تعالى :" وَإِنَّا أَوْ إِيَّاكُمْ لَعَلَى هُدًى أَوْ فِي ضَلَالٍ مُبِينٍ ".([127])


**1.بل:**


1.تقع عاطفة بعد النفى أو النهى ، ويكون معناها إقرار الكلام قبلها على ما هو عليه من نفى أو نهى وإثبات نقيضه لما بعدها .


مثل :( لم يسافر محمد بل **علي** ).


1.وإذا جاءت بعد إثبات أو أمر ، تفيد ( الإضراب ) وهو صرف النظر عن الكلام السابق وتقريره لما بعدها ، مثل : ( سافر محمد بل **علي** ) .


**1.لكنْ:**


وهى مثل بل : تقع بعد النفى أو النهى ، ويكن معناها إقرار الكلام قبلها وإثبات نقيضه لما بعدها . ولا تقترن بالواو , مثل :( لا تصاحب الكاذب لكنْ **الصادق** ) .

( الصادق : معطوف منصوب و علامة النصب الفتحة ) .

وإذا فقدت شرطا أصبحت حرف ابتداء , مثل :

ـ جاء الأصدقاء ولكن عمر . ( عمر : مبتدأ وخبره محذوف ) .

ـ قال الشاعر :

وما حب الديار شغفن قلبي ولكنْ حبٌّ من سكن الديارا

( حب : مبتدأ , ولكن : حرف ابتداء ) .

## 1. لا :

وتأتى بعد إثبات ، وتنفى الحكم عما بعدها ، وتثبته لما قبلها ؛ مثل :

ـ( فاز المتفوق لا **المهمل** ) . (المهمل : معطوف مرفوع و علامة الرفع الضمة).

ـ إذا اجتمعت الواو مع (لا) فإن حرف العطف هو الواو,و (لا) تكون نافية فقط؛مثل : لم أقرأ القصة ولا الكتاب .

## 1. أم : وهى نوعان :-

1- **المتصلة**: وهى التى تقع بعد :

أ ـ همزة التسوية التى تدخل على جملة يصح حلول المصدر محلها ، مثل : ـ
قوله تعالى :" سَوَاءٌ عَلَيْهِمْ ءأَنذَرْتَهُمْ أَمْ لَمْ تُنذِرْ هُمْ لا يُؤْمِنُونَ".([128])
أى : سواء عليهم الإنذار وعدم الإنذار ، والعطف هنا عطف الجمل .

ب ـ الهمزة المغنية عن ( أى ) : وهى الهمزة التى يطلب بها و بـ ( أم ) التعيين والحرف ( أم ) لعطف المفرد غالبا ,مثل : أمحمد أمام المدرسة أم عمرو ؟
وتسمى المتصلة ؛لأن ما قبلها وما بعدها لا يستغنى بأحدهما عن الآخر .

## 2 ـ المنقطعة

تفيد الإضراب مثل ( بل ) ولا صلة لها بباب العطف ، مثلـ
قوله تعالى :" هَلْ يَسْتَوِي الأَعْمَى وَ الْبَصِيرُ أَمْ هَلْ تَسْتَوِي الظُّلُمَاتُ وَالنُّورُ
"([129]) .

فالجملة الثانية بعد ( أم) لا صلة لها بما قبلها، لصرف النظر عما قبلها،و( أم) هنا حرف ابتداء لا صلة له بالعطف .

### العطف على الضمير

**أولًا : الضمير المنصوب : يجوز العطف عليه دونما شروط .**

ـ مثل : قابلتك وأخاك .

**ثانيًا : الضمير المجرور : غالبا نعيد الجار مع المعطوف .**

ـ مثل : قلت له و لأخيه أقبلا .

**ثالثًا : الضمير المرفوع :**

ـ إذا كان منفصلا جاز العطف عليه بلا خلاف ، مثل :

( عليّ ما فاز إلا هو وعمر ) .

ـ إذا كان متصلا أو مستترا فالغالب أن يفصل بينه وبين ما عطفته عليه بفاصل من الفواصل الآتية :

ـ <u>المفعول به:</u> مثل قوله تعالى:" جَنَّاتُ عَدْنٍ يَدْخُلُونَهَا وَمَنْ صَلَحَ مِنْ آبَائِهِمْ وَأَزْوَاجِهِمْ وَذُرِّيَّاتِهِمْ ".([130])

ـ <u>الضمير المنفصل :</u> شرحت أنا وصديقى القصيدة .

ـ <u>لا النافية:</u> مثل قوله تعالى:" لَوْ شَاءَ اللهُ مَا أَشْرَكْنَا وَلا آبَاؤُنَا ".([131])

## فوائد نحوية

1.يجوز عطف الفعل على الفعل بشرط أن يتحدا فى الزمن .

2.يمكن العطف بين الفعل وما يشبه الفعل :

( اسم الفاعل ـ اسم المفعول ـ صيغ المبالغة ـ أفعل التفضيل ـ الصفة المشبهة ) ، كما يجوز العكس ؛ مثل قوله تعالى :

" إِنَّ الْمُصَّدِّقِينَ وَالْمُصَّدِّقَاتِ وَأَقْرَضُوا اللهَ قَرْضاً حَسَناً يُضَاعَفُ لَهُمْ ".([132])

فقد عطف ( أقرضوا ) على ( المصدقين والمصدقات ) .

# اسم الفعل

"هي أسماء تدل على أفعال معينة تحمل معناها ولا تقبل علاماتها".

<u>إعرابها</u> : اسم فعل .... مبني على .... ليس له محل من الإعراب ) .

مثل قولنا : ( هيهات النجاح للمهمل ) .

( هيهات ) : اسم فعل،يدل دلالة الفعل ( بَعُد ) ويعمل عمله ، وكلمة ( النجاح ) فاعل ، لكنه لا يقبل علامة الفعل الماضى مثل اتصال الضمائر به .

## عملها

تعمل عمل الفعل الذي تدل عليه , مثل :

**أ) إذا كان فعلها لازما رفعت فاعلا فقط** ,مثل : ( هيهات الندم ) .

هيهات ◈اسم فعل بمعنى " بعد " ,مبني ليس له محل من الإعراب .

الندم ◈ فاعل مرفوع وعلامة الرفع الضمة .

**ب) إذا كان فعلها معتديا : رفعت فاعلا ونصبت مفعولا به** .

مثل : عليك نفسك .

عليك ◈ اسم فعل بمعنى " الزم " , مبني ليس له محل من الإعراب .

نفسك ◈ مفعول به منصوب وعلامة النصب الفتحة ، والفاعل ضمير مستتر تقديره ( أنت ) .

**ينقسم اسم الفعل قسمين : سماعي وقياسي .**

**أولا : اسم الفعل السماعي** : ينقسم من حيث الزمن إلى :

**وينقسم اسم الفعل ثلاثة أقسام :**

1.**اسم الفعل الماضى** ,مثل :- هيهات ( بَعُد ) ،شتان ( افترق )،سرعان ( سرع ).

2.**اسم الفعل المضارع** : مثل :أفٍ ( أتضجر ) – أوّاه ( أتوجع ) - واها ( أعجب ) .

آهٍ ( أتألم ) – وي ( أعجب ) – بخٍ ( استحسن ) .

ـ قال تعالى :" فَلا تَقُلْ لَهُمَا أُفٍّ "([133]).

( أف )اسم فعل مضارع مبنى على الكسر لا محل له من الإعراب)

**1.اسم الفعل الأمر :**

ـ صَهْ ( اسكت ) ـ ( مَهْ ) ( كف عن الحديث ) ـ آمين ( استجب )

ـ هيّا ( أسرع ) ـ هلُمَّ ( أقبل ) ـ بلْهَ ( اترك )

ـ عليك ( الزم ) ـ حَيَّهَل ( أسرع ) ـ رُويد ( أمهل )

ـ (مكانك ) (اثبت ) ـ أمامك (تقدم ) ـ وراءك ( تأخّر )

ـ دونك ( خُذْ ) ـ حيَّ ( أقبل ) ـ إليك ( ابتعد)

ـ على رسلك(تمهل ) ـ هاؤم (خذوا ـ تعالوا)

ـ قال تعالى :"يَا أَيُّهَا الَّذِينَ آمَنُوا عَلَيْكُمْ أَنفُسَكُمْ".[134] .

ـ قال تعالى : " هاؤمُ اقرءوا كتابيه "[135].

## ملاحظة

ـ ( **عليك نفسك** ) : عليك : اسم فعل أمر بمعنى الزم.

ـ ( **عليك السلام** ) : عليك : جار ومجرور خبر مقدم .

ـ ( **إليك عني** ) : إليك : اسم فعل أمر بمعنى ابتعد.

ـ ( **جئت إليك** ) : إليك : جار ومجرور .

## ثانيا : اسم الفعل القياسي:

ويأتي على وزن ( فَعَالِ ) من كل فعل ثلاثي متصرف تام .

مثل : نَزَالِ ( انزل )، كَتَابِ ( اكتب ) ، حَذَارِ ( احذر ) .

ـ حذار الكسل : حذار : اسم فعل أمر مبني على الكسر ليس له محل من الإعراب , والفاعل ضمير مستتر ( أنت ) , والكسل : مفعول به منصوب وعلامة النصب الفتحة .

ومثل : تراك الإهمال ( ارتك ) ، نزال إلى الجهاد ( انزل )

## فوائد

### 1ـ اسم الفعل المرتجل:

ما وضع من أول الأمر اسم فعل دون أن ينقل من غيره ، مثل : ( صَهْ ) .

### 2ـ اسم الفعل المنقول :

ما استعمل قبل اسم الفعل استعمالا آخر , مثل : الظرف أو المجرور أو المصدر ـ **المنقول عن ظرف** : وراءك (تأخر) ـ أمامك (تقدم) ـ دونك ( خذ).

ـ **المنقول عن جار ومجرور** : عليك ( الزم) ـ إليك ( ابتعد).

ـ **المنقول عن المصدر** : رويدك ( تمهل ) ـ بله ( اترك ).

### 3ـ اسم الفعل إذا نون فهو نكرة ، وإذا لم ينون كان معرفة , مثل :

( صَهٍ ) : أى اسكتْ تماما عن أى حديث .

( صَهْ ) : اسكت عن حديث معين .

**4ـ يستعمل اسم الفعل بصورة واحدة** للمفرد والمثنى والجمع والمذكر والمؤنث .

وإذا كان متصلا بكاف الخطاب فإنها تتغير تبعا لتغير المخاطب ,مثل : عليك نفسك ـ عليكم أنفسكم ـعليكن أنفسكن .

**4ـ اسم الفعل أقوى من الفعل فى أداء المعنى للدلالة على المبالغة فيه .**

## الجمل التي لها محل من الإعراب

### 1 ـ الجملة الواقعة خبرا لمبتدأ .

مثل : الخطيب حجته قوية : جملة اسمية فى محل رفع خبر المبتدأ .

اللاعبان يتعاونان : جملة فعلية فى محل رفع خبر المبتدأ .

### 2 ـ الجملة الواقعة حالا .

مثل : يذاكر الطالب وهو واثق من الفوز .

جملة اسمية فى محل نصب حال لكلمة الطالب .

ـ وقف المتكلم يبتسم : جملة فعلية فى محل نصب حال لكلمة المتكلم .

### 3 ـ الجملة الواقعة نعتا .

مثل: سمعت مغنيا صوته عذب .

جملة "صوته عذب" مبتدأ وخبر في محل نصب نعت لكلمة مغنيا .

ـ استمعت إلى أستاذ يتحدث عن العولمة .

جملة "يتحدث" جملة فعلية فى محل جر نعت لكلمة أستاذ .

### 4 ـ جملة المفعول به.

مثل : ظننت العدو انتصر .

**والجملة الواقعة بعد القول ( قال / يقول / قل / قائل ).**

ـ مثل : أقول : الاتحاد قوة . الجملة الاسمية في محل نصب مفعول به .

لا تقل: إني مغرور: الجملة الاسمية ( إنّ واسمها وخبرها ) في محل نصب مفعول به.

**والتى بعد (قيل ـ يقال) تعرب فى محل رفع نائب فاعل ، مثل :**

قيل العلم نور .

### 5ـالجملة الواقعة بعد الظرف في محل جر مضاف إليه.

مثل : إذا سافرت عرفت الكثير . ما رأيته منذ رحل .

### 6ـجملة جواب شرط المقترن بالفاء لأداة شرط جازمة .

مثل : من يجتهد فقد يتفوق .

## الجمل التي لا محل لها من الإعراب .

### 1 ـ الجملة الابتدائية .

مثل : ـ المؤمن صادق : الجملة الاسمية لا محل لها من الإعراب .

ـ يغفر الله الذنوب ـ الجملة الفعلية لا محل لها من الإعراب .

### 2 ـصلة الموصول .

أي التي تقع بعد الاسم الموصول وتسمى جملة الصلة.

مثل : أكرمت من تفوق . ـ رحل الذي عاش مظلوما .

3 ـ الاعتراضية .

وهى التي تأتى بين جملتين أو التي يتم الكلام بدونها , مثل :

اعلم ـ وفقك الله ـ أن العلم نور .

**4 ـ جملة جواب قسم .**

مثل : والله ليفوزن الحق ـ والله إن العلم نور .

**5 ـ جملة جواب الشرط لأداة غير جازمة .**

مثل : إذا أخلص الإنسان العمل حقق هدفه .

**6- الاستئنافية و التفسيرية .**

مثل : " الدنيا ساعة, اجعلها طاعة". ( استئنافية).

ـ استكتمته الحديث, أي : سألته كتمانه.

**7ـ تابعة لجملة ليس لها محل من الإعراب .**

مثل : كتبت الدرس وفهمته جيدا.

**8ـ جواب شرط غير مقترن بالفاء ولا بإذا الفجائية.**

مثل : من يقل الحق ينل الرضا .

**استعمالات (ما)**

**1 ـ شرطية جازمة** , مثل: ما تفعله من خير, تجده .

**2 ـ اسم موصول** , مثل: قرأت ما كتبه الطالب.

**3 ـ اسم استفهام لغير العاقل** ,مثل: ما أفضل كتاب قرأته ؟ .

**4 ـ تعجبية** , مثل: ما أجمل السماء !

**5 ـ حرف نفي** , مثل: ما أجمل القول إلا البليغ.

**6 ـ كافة** , مثل : إنما الرجل صادق ـ قلما ـ طالما ، ربما أكرمك .

**7 ـ حرف مصدري** ,مثل :(سرني ما فعلت)؛ أي: سرني فعلك.

**8 ـ نعت لاسم نكرة** , مثل : قرأت كتابا ما .

**9 ـ حرف زائد غير كافة** , مثل : إذا ما تأملت الحياة أدركت الحقيقة .

**10ـ مصدرية ظرفية** , مثل : يبقى الود مابقي اللقاء.

**استعمالات (من)**

**1 ـ شرطية** ,مثل : من يقرأ كثيرا تسم منزلته.

**2 ـ استفهامية** , مثل: من أخوك ؟ ، من تكرم ؟

**3 ـ اسم موصول** ، مثل: تكرم الدولة من يتعلم.

**استعمالات (لا)**

1 ـ **ناهية تجزم المضارع** ، مثل : لا تنتظر الخير من لئيم .

2 ـ **نافية لا عمل لها** , مثل : لا يتكاسل إلا ضعيف الطموح .

3 ـ **عاطفة بين اسمين** ، مثل : المؤمن قوي لا ضعيف .

4 ـ **نافية للجنس فتعمل عمل (إن)** ، مثل : لا أمان لمن لا أمانة عنده .

## استعمالات (اللام)

### 1 ـ لام القسم

ـ مثل : والله ليخلصن الرجل العمل .

### 2 ـ لام الابتداء

ـ مثل: لصديق مخلص خير من خائن .

ـ وتكون زائدة للتوكيد (مزحلقة ) مع خبر إنّ , مثل :إن الرجل لصادق.

### 3 ـ لام التعليل تنصب الفعل المضارع

ـ مثل : اجتهد لتنجح.

### 4 ـ لام الجحود إذا دخلت على المضارع وسبقت يكون منفي

مثل : ما كنت لأكذب ـ .

### 5 ـ لام الأمر تجزم المضارع

مثل: لِتخلص عملك ـ .

### 6 ـ واقعة في جواب لو أو لولا

مثل: لولا العلم لضلت البشرية .

### 7 ـ لام الجر

ـ مثل : الحمد لله رب العالمين .

❖❖

# الفصل السادس
# (من دروس الصرف)

## علم الصرف

"علم بأصول يُعرف بها أحوال أبنية الكلمة ، التى ليست بإعراب ولا بناء " .
ويختص بالأسماء المعربة والمصروفة والأفعال المتصرفة .

# ( الميزان الصرفى )

* يستخدم لمعرفة أحوال الكلمة من حيث : الحركات والسكنات ، والأصل والزيادة والتقديم والحذف .

*( حروف الزيادة جمعت فى كلمة سألتمونيها ) .

## خطواته

1. يقابل أصل الكلمة بكلمة [ فعل ] .

الفاء ◈ الحرف الأول . العين ◈ الحرف الثانى . اللام ◈ الحرف الثالث .

1. تقابل الزيادة فى أصل الكلمة بزيادة فى كلمة [ فعل ] وكذلك الحذف يقابل بحذف فى كلمة [ فعل ] .

الزيادة ؛ مثل استغفر ، أصلها ( غفر ) ◈ فعل .
( استغفر ) ◈ وزنها : استفعل ( زيادة الألف والسين والتاء ) .
ـ إكرام ◈ أصلها ( كرم ◈ ( إكرام .
( فعل) ◈ إفعال .
ومثل الحذف : يصل ◈ أصلها ( وصل ) ◈ يصل .
( فعل) ◈ يعل . ( حذفت الفاء ) .
قُلْ ◈ أصلها ( قال ) ◈ قُل .
( فعل ) ◈ قُل . ( حذفت العين ) .

1. التضعيف ( التشديد ) يقابل بالتشديد أو ( التضعيف ) ؛ مثل :-

( قَدَّم ) ◈ فَعَّل ، وكذلك تكرير الحرف ، مثل :- ( جَلْبَبَ ) ◈ فَعْلَلَ .

1. إذا كان الزائد مبدلًا من تاء الافتعال ، ينطق بها نظرا إلى الأصل , مثل :-

( اضطراب ) ◈ على وزن افتعال .
لأن أصلها : ضرب ◈ اضترب ◈ اضتراب ◈ اضطراب .
على وزن : فعل ◈ افتعل ◈ افتعال.

<u>1. إذا حصل قلب فى الموزون حصل أيضا فى الميزان</u> ، مثل :

جاه ◈ على وزن ( عَفَل ) ؛لأن أصلها ( وجه ) ( قلب مكانى ) .

ناء ◈ على وزن ( فلع ) وأصلها ( نأى ) .

أيس ◈ على وزن (عَفِل) وأصلها( يأس ).

# أقسام الفعل

**أ ) يقسم إلى صحيح ومعتل :-**
**الفعل الصحيح:** ما خلت أصوله من أحرف العلة ( الألف ، الواو ، الياء )
**الفعل المعتل :** ما كان أحد أصوله حرف علة ، مثل : وجد ، باع ، سعى .
**أقسام الصحيح:**

1.**السالم :**ما سلمت أصوله من أحرف العلة والهمزة ، والتضعيف ,مثل :

نجح ، كتب , خرج , نجح.

1.**المضعف:** مثل :

- مدَّ ، استمدَّ ( مضعف ثلاثى ).
- زلزل ، قَلْقَلْ ( مضعف رباعى ).

1.**المهموز:** ما كان أحد أصوله همزة ,مثل : أخذ ، سأل .

**أقسام المعتل :**

1.**المثال :** الحرف الأول ( الفاء ) من حروف العلة ، مثل : وعد ، يئس .
2.**الأجوف :** الحرف الثانى ( العين ) من حروف العلة ، مثل : قال ، باع.
3.**الناقص :** الحرف الثالث ( اللام ) من حروف العلة , مثل : غزا ، قضى .
4.**اللفيف المفروق:** وهو ما اعتلت فاؤه ( الحرف الأول ،لامه( الحرف الثالث ) مثل : (وفى ، وقى ، ....).
5.**اللفيف المقرون:** وهو ما اعتلت عينه ولامه ,مثل : طوى ، رَوَىَ .

**ب ) يقسم الفعل بحسب التجرد والزيادة إلى :-**
1- **المجرد :** وهو ما كانت جميع حروفه أصلية ، وهو قسمان :-
- المجرد الثلاثى: على وزن فعل ,مثل : وهب ، كتب ، ذهب ، .... إلخ .
- المجرد الرباعى: على وزن فعلل ,مثل : دحرج ، زلزل .
2- **المزيد:** ما زيد فيه حرف أو أكثر على حروفه الأصلية ، وهو قسمان :-
أ) المزيد الثلاثى :
◈ ما زيد فيه حرف واحد ,مثل : أكرم ، قاتل ، فَرَّح ( بالتضعيف ) .

◈ ما زيد فيه حرفان ,مثل : أمكر ، اجتمع ، احمرّ ، تعلّم ، تباعد.

◈ ما زيد فيه ثلاثة أحرف ,مثل : ستخرج ، اعشوشب ( كثر العشب ) ، اشهاب ( قويت شهبته )، اجلوّذ ( أسرع ) .

<u>ب) المزيد الرباعى</u>

◈ ما زيد فيه حرف واحد ,مثل : احرنجم ( أراد أمرا ثم رجع عنه ، احرنجم القوم: تجمعوا ) , اطمأنّ ، اقشعّر .

# إسناد الفعل إلى الضمائر

أولا : اسناد الفعل الصحيح

( 1 ) الفعل الماضي

| نوع الفعل | المثال | ضمائر الرفع المتحركة | | | ضمائر الرفع الساكنة | | وصف التغيير |
|---|---|---|---|---|---|---|---|
| | | تاء<br>الفاعل | نا<br>الفاعلين | نون<br>النسوة | ألف<br>الاثنين | واو<br>الجماعة | |
| سالم | كتب | كتبت | كتبنا | كتبن | كتبا | كتبوا | لم يحدث تغيير |
| مضعف | مدّ | مددت | مددنا | مددن | مدّا | مدّوا | يفك التضعيف مع ضمائر الرفع المتحركة |
| مهموز | أخذ | أخذت | أخذنا | أخذن | أخذا | أخذوا | لم يحدث تغيير |

## ( 2 ) الفعل المضارع

| نوع الفعل | المثال | ألف الاثنين | واو الجماعة | ياء المخاطبة | نون النسوة | وصف التغيير |
|---|---|---|---|---|---|---|
| سالم | يكتب | يكتبان | يكتبون | يكتبين | تكتبن | لم يحدث تغيير |
| مضعف | يمد | يمدان | يمدون | تمدين | يمددن | يفك التضعيف مع نون النسوة |
| مهموز | يأخذ | يأخذان | يأخذون | تأخذين | يأخذن | لم يحدث تغيير |

## ( 3 ) الفعل الأمر

| نوع الفعل | المثال | ألف الاثنين | واو الجماعة | ياء المخاطبة | نون النسوة | وصف التغيير |
|---|---|---|---|---|---|---|
| سالم | اكتب | اكتبا | اكتبوا | اكتبي | اكتبن | لم يحدث تغيير |
| مضعف | مد | مدا | مدوا | مدّي | امددن | يفك التضعيف مع نون النسوة ويبدأ الفعل بألف وصل |
| مهموز | خذ | خذا | خذوا | خذي | خذْن | لم يحدث تغيير |

# إسناد الفعل المعتل للضمائر

## ( 1 ) الفعل الماضي

| نوع الفعل | المثال | تاء الفاعل | نا الفاعلين | نون النسوة | ألف الاثنين | واو الجماعة | وصف التغيير |
|---|---|---|---|---|---|---|---|
| مثال | وعد | وعدت | وعدنا | وعدن | وعدا | وعدوا | لم يحدث تغيير |
| أجوف | باع | بعت | بعنا | بعن | باعا | باعوا | يحذف حرف العلة مع ضمائر الرفع المتحركة |
| ناقص | سعى | سعيت | سعينا | سعين | سعيا | سعَوا | ترد الألف إلى أصلها (و/ي) وتحذف مع واو الجماعة ويفتح ما قبلها |
|  | دعا | دعوت | دعونا | دعون | دعوا | دعَوا | يحذف حرف العلة مع واو الجماعة وضم ما قبلها . |
|  | خشي | خشيت | خشينا | خشين | خشيا | خشُوا | تقلب الألف (ياء) إذا كانت رابعة ويحذف حرف العلة مع واو الجماعة ويفتح ما قبلها . |
|  | أعطى | أعطيت | أعطينا | أعطين | أعطيا | أعطَوا |  |

## ( 2 ) الفعل المضارع

| نوع الفعل | المثال | ألف الاثنين | واو الجماعة | ياء المخاطبة | نون النسوة | وصف التغيير |
|---|---|---|---|---|---|---|
| مثال | يصل | يصلان | يصلون | تصلين | يصلن | لم يحدث تغيير |
| أجوف | يقول | يقولان | يقولون | تقولين | يقلن | يحذف حرف العلة مع نون النسوة فقط |
| ناقص | يسعى | يسعيان | يسعَون | تسعَين | يسعَين | ترد الألف إلى أصلها (ياء) مع نون النسوة وألف الاثنين ، يحذف حرف العلة ويفتح ما قبل واو الجماعة / ياء المخاطبة. |
| | يدعو | يدعوان | يدعُون | تدعِين | يدعون | يحذف حرف العلة مع واو الجماعة وياء المخاطبة ويضم ما قبل واو الجماعة ، ويكسر ما قبل ياء المخاطبة |
| | يمضي | يمضيان | يمضُون | تمضِين | يمضين | يحذف حرف العلة عند الإسناد وإلى واو الجماعة وياء المخاطبة ، ويضم ما قبل واو الجماعة ويكسر ما قبل ياء المخاطبة |

## إسناد الفعل المعتل للضمائر
## ( 3 ) الفعل الأمر

| نوع الفعل | المثال | ألف الاثنين | واو الجماعة | ياء المخاطبة | نون النسوة | وصف التغيير |
|---|---|---|---|---|---|---|
| مثال | صِلْ | صِلا | صلوا | صلي | صِلْنَ | لم يحدث تغيير |
| أجوف | قُل | قولا | قولوا | قولي | قُلْن | يرد حرف العلة المحذوف ويبقى محذوفا مع نون النسوة |
| ناقص ( حرف العلة أصله ياء) | اسعَ | اسعيا | اسعَوا | اسعَى | اسعين | يرد حرف العلة مع نون النسوة وألف الاثنين ، ويبقى محذوفا مع واو الجماعة وياء المخاطبة ويفتح ما قبلهما |
| ( حرف العلة أصله واو) | ادع | ادعوا | ادعُوا | ادعِى | ادعون | يرد حرف العلة مع نون النسوة وألف الاثنين ، ويبقى محذوفا مع واو الجماعة وياء المخاطبة ويكسر ما قبل الياء ويضم ما قبل واو الجماعة . |
| ( حرف العلة أصله ياء) | اقضِ | اقضيا | اقضُوا | اقضِي | اقضين | يرد حرف العلة مع نون النسوة وألف الاثنين ، ويبقى محذوفا مع واو الجماعة وياء المخاطبة ويكسر ما قبل الياء ويضم ما قبل الواو |

# المشتقات

**المشتق** :ـ هو " ما أخذ من غيره ، والاشتقاق . أخذ كلمة من أخرى ، مع تناسب بينهما فى المعنى وتغيير فى اللفظ ؛مثل :ـ( ظالم ، مظلوم ، ظلاَّم ،...) ( مشتقة من ظلم ) .

**وهناك رأيان :**

**الأول** : يرى أن أصل المشتقات هو الفعل .

**الثانى**: يرى أن أصل المشتقات هو المصدر.

**والمشتقات هى :**

( اسم الفاعل ، اسم المفعول ، صيغة المبالغة ، الصفة المشبهة ، اسم التفضيل ، اسما الزمان والمكان ، اسم الآلة ) .

**تنقسم المشتقات من حيث عملها قسمين :-**

**1.قسم يعمل عمل الفعل :**

[اسم الفاعل ـ اسم المفعول ـ صيغة المبالغة ـ الصفة المشبهة ـ اسم التفضيل]

**1.قسم لا يعمل عمل الفعل :** [ اسم الزمان ـ اسم المكان ـ اسم الآلة ]

# ( أولا: اسم الفاعل )

ـ هو ما صيغ من الفعل للدلالة على من قام بالحدث , مثل :
( قائل ، ظالم ، مُنْطلِق ) .

## صوغه

**1. يصاغ من الفعل الثلاثي على وزن ( فاعل ) , مثل :-**

نصر ◄ ناصر و هب ◄ و اهب عمّ ◄ عامّ .
ـ الفعل معتل الوسط يقلب حرف العلة همزة مكسورة , مثل :
قال ◄ قائل باع ◄ بائع
ـ إذا كان الفعل أوله همزة تقلب إلى ألف مد ( آ ) , مثل :
أخذ ◄ آخذ . أمر ◄ آمر . أكل ◄ آكل .
ـ الفعل الناقص عندما يصاغ منه اسم الفاعل ينطبق عليه أحكام الاسم
المنقوص فتحذف الياء فى حالتى الرفع والجر ، وتبقى فى حالة النصب ،
والتعريف ، والإضافة , مثل :-
قضى ◄ قاضٍ ( جاء قاضٍ عادل ) تحذف الياء .
( جاء القاضى العادل ـ قاضى المدينة ) تبقى الياء .

**2. من الفعل غير ثلاثى: يصاغ على وزن الفعل المضارع مع إبدال حرف
المضارعة ميما مضمومة وكسر ما قبل الآخر .**

ـ استغفر ◄ يستغفِر ◄ مُستغفِر .
ـ جاهد ◄ يجاهد ◄ مُجاهِد .
ـ إذا كان الحرف قبل الأخير ألفا في الفعل الخماسي أو ساكنا للتضعيف يبقى
ساكنا؛ مثل : احتار ◄ محتار . اعتزّ ◄ معتزّ .

## ملحوظة مهمة

ليس من أسماء الفاعلين كل اسم فاعل صار علما أو دل على وظيفة أو عمل,
مثل : القاضى ـ المعلم ◄ ( جاء المعلم ) .
فلابد فى اسم الفاعل أن يدل على وصف .

## إعمال اسم الفاعل

يعمل اسم الفاعل على فعله المبنى للمعلوم ، فهو :

1. يرفع الفاعل إذا كان الفعل لازما ؛ مثل :

ـ أمسافر أخوك؟ (مسافر اسم فاعل, أخوك : فاعل ).

1. يرفع الفاعل وينصب المفعول به، أو (المفعولين ) إذا كان فعله متعديا مثل :

ـ تفوق المؤدى واجبه . (المؤدى : اسم فاعل ).

عمله : رفع فاعل ضميرا مستترا ( هو ) ، ونصب مفعولًا به ( واجب ) .

**شروط العمل :**

[ لمعرفة العمل نضع الفعل مكان اسم الفاعل ونقوم بإعراب الجملة ].

**1. إذا كان مُحلى بـ ( أل ) يعمل من غير شروط .**

مثل : ( أفلح الفاهم درسه ) .

اسم فاعل ( الفاهم ) : رفع فاعلا ( هو ) ، ونصب مفعولا به ( درسه )، ويعمل من غير شروط لأنه محلى بـ (أل) والمعنى ( أفلح الذى يفهم درسه ) .

**1. المجرد من ( أل ) يعمل بشرطين :**

**1. أن يدل على الحال أو الاستقبال ، فإن دل على الماضى أهمل**

**2. أن يعتمد على : استفهام ، أو نفى ، أو مبتدأ ، أو موصوف ، أو صاحب الحال، أو نداء .**

مثل :

1. أسامعٌ أخوك النصيحة ؟ [ اعتمد على الاستفهام ] .

عمله : رفع فاعلا ( أخوك ) ، ونصب مفعولا به ( النصيحة ) .

1. المصرى مخلص عمله . [ اعتمد على مبتدأ ] .

عمله : رفع فاعلا ( هو ) ، ونصب مفعولا به ( عمله ) .

1. ما مانع الرجل الآخرين حقوقهم . [ اعتمد على نفى ] .

عمله : رفع فاعلا ( الرجل ) ، ونصب مفعولين ( الآخرين ـ حقوقهم ) .

1. جاء الرجل ضاحكا وجهه . [ اعتمد على صاحب الحال ] .

عمله : رفع فاعلا ( وجهه ) .

1. يا سامعا النصيحة ، اعمل بها . [ اعتمد على نداء ] .

رفع فاعلا ( أنت ) ، ونصب مفعولا به ( النصيحة ) .

1. هجم جندى حامل سلاحه . [ اعتمد على موصوف ] .

رفع فاعلا ( هو ) ، ونصب مفعولا به ( سلاحه ) .

## قواعد نحوية

- يجوز في اسم الفاعل أن يُضاف إلى مفعوله ، كما يجوز نصبه , مثل :-

اللهَ غافرُ الذنبِ ( الذنب / مضاف إليه )

الله غافرٌ الذنبَ ( الذنب : مفعول به )

وإذا أضيف إلى أحد المفعولين وجب نصب الآخر ، مثل : -

( المعلم مانحُ المتفوق جائزةً ) .

- اسم الفاعل إذا وقع مبتدأ وسبق بنفي أو استفهام ، فإن المعمول بعده يعرب

فاعلا مرفوعا سد مسد الخبر ؛ مثل : أمسافرٌ أخوك ؟

مسافر : مبتدأ مرفوع وعلامة الرفع الضمة .

أخوك : أخو : فاعل مرفوع وعلامة الرفع الواو لأنه من الأسماء الخمسة

،والضمير : مبنى في محل جر مضاف إليه ، والفاعل سد مسد الخبر .

## فائدة

- عند صوغ اسم الفاعل من غير الثلاثي شذ من ذلك ثلاثة ألفاظ :

1-( أسهب ◊ مُسهَب ).

2-( أحصن ◊ مُحصَن ).

3-( ألفج بمعنى أفلس ◊ مُلفَج).

بفتح ما قبل الآخر .

- وقد جاء من ( أفعل ) على وزن (فاعل ) , نحو :

أعشب المكان ◊ عاشب . -أيفع ◊ يافع . ولا يقال ( مُفعِل ) .

# ثانيا : صيغ المبالغة

<u>يقول النحاة :</u> ـ

" وقد تُحَوَّل صيغة " فاعل " للدلالة على الكثرة والمبالغة فى الحدث ، إلى أوزان خمسة مشهورة ، وتسمى صيغ المبالغة " .

<u>أوزانها</u>

1. فَعَّال ﴿ غفار ، وهّاب ، رزاق
2. مفعال ﴿ مقدام ، مكرام
3. فَعُول غفور ، شكور ﴿
4. فعيل رحيم ، عليم ﴿
5. فَعِل ﴿ حَذِر ، فَطِن ، يَقِظ .

<u>إعمالها:</u>

تعمل عمل اسم الفاعل:ترفع فاعلا،ترفع فاعلا وتنصب مفعولا به،أو مفعولين

وبالشروط نفسها :

1ـ إذا كانت معرفة بـ ( أل ) تعمل من غير شروط ؛مثل :

ـ فاز الفَطِن عقله . ( عقل : فاعل مرفوع لصيغة المبالغة فطن )

2ـ مجردة من ( أل ) تعتمد على الحال أو الاستقبال ، وتعتمد على مبتدأ ، أو نفي، أو استفهام ، أو موصوف ، أو صاحب الحال ، أو نداء .

ـ مثل :ـ

1ـ **المؤمن شكور نعمة ربه** . ( شكور : صيغة مبالغة ) .

<u>عملها</u> : [ الفاعل : ضمير مستتر ( هو ) ] [ المفعول به : نعمة ] .

<u>شرط العمل</u> :اعتمدت على مبتدأ .

2ـ **ما معطاءٌ أخوك جاره حقه.** ( اعتمدت على نفى ) .

<u>العمل</u> : [ أخوك : فاعل ، جاره : مفعول به أول ، حقه : مفعول به ثان ] .

3ـ **أحريص أخوك على القراءة ؟** ( اعتمدت على الاستفهام )

<u>العمل</u> : [ رفعت فاعلا: أخوك ] .

4ـ **يا رحيما الضعفاء ,ارحمني.** ( اعتمدت على نداء )

ـالفاعل ضمير مستتر تقديره (أنت) , الضعفاء مفعول به منصوب .

<u>فوائد :</u>

1. **قد تضاف صيغة المبالغة إلى معمولها ؛ مثل :**

ـ الله غفارُ الذنبِ ( مضاف إليه).

ـ الله غفارٌ الذنبَ ( مفعول به ).

1. **تستعمل صيغة المبالغة مفردا ، ومثنى وجمعا مذكرا ومؤنثا .**

2. **وقد سُمعت ألفاظ للمبالغة غير الأوزان السابقة؛** منها :

ـ فِعِّيل : سِكِّير .

ـ فعَلَة : هُمَزة ، لُمزة .

ـ فاعُول : فاروق .

ـ مفعيل : معطير .

ـ فُعال ( بضم الفاء وتخفيف العين أو تشديدها) , مثل:

طوال ، كُبار ، كُبّار ؛مثل قوله تعالى :" وَمَكَرُوا مَكْراً كُبَّاراً".[136]

# ثالثا : اسم المفعول

ـ هو ما يشتق من الفعل المبني للمجهول للدلالة على من وقع عليه الفعل .
مثل : ـ (منصور ، مهزوم ، مغفور ....)
**صوغه :**

## 1. من الثلاثي على وزن مفعول

ـ مثل : ـ ( قتل ◊ مقتول ، أكل ◊ مأكول ) .
ـ ومن الثلاثي معتل الوسط بالألف نأتي بالمضارع ونقلب حرف المضارعة ميما مفتوحة ؛ مثل :
(قال ◊ يقول ◊ مقول). (باع ◊ يبيع ◊ مبيع).(هاب ◊ يهيب ◊ مهيب ) .
ـ ومن الثلاثي الناقص ( معتل الآخر ) نأتي بالمضارع ونقلب حرف المضارعة ميما مفتوحة ونضعف الحرف الأخير ، مثل :ـ
( دعا ◊ يدعو ◊ مَدعوّ ) (سعى ◊ يسعى ◊ مَسعيّ ) . (رجا ◊ مَرجوّ ) .

## 1. من الفعل الغير الثلاثي :

نأتي بالمضارع ونقلب حرف المضارعة ميما مضمومة ونفتح ما قبل الآخر ، مثل :
( انطلق ◊ ينطلق ◊ مُنْطلَق ) ——— ( استخرج ◊ يستخرج ◊ مُستخرَج )

**إعمال اسم المفعول :**
يعمل عمل الفعل المبني للمجهول :

1. يرفع نائب فاعل إذا كان فعله متعديا لمفعول به واحد .
2. يرفع نائب فاعل وينصب مفعولا به إذا كان فعله متعديًا لمفعولين .

**شروط العمل :**
هي الشروط نفسها مع اسم الفاعل ، وصيغه المبالغة .
أ) **اسم المفعول المحلى بـ ( أل ) يعمل من غير شروط**, مثل :
ـ" لا يرى الحقيقة الشخص المدنس قلبه". ( المدنس / اسم مفعول )

قلبه : نائب فاعل مرفوع وعلامة الرفع الضمة ، والهاء ضمير مبني في محل جر مضاف إليه .

**ب) اسم المفعول المجرد من ( أل ) يعمل بشرطين :**

**1ـ يعتمد على الحال أو الاستقبال .**

**2ـ يعتمد على:**

**( مبتدأ ،أو موصوف،أو استفهام ،أو نفي ،أو صاحب الحال ،أو نداء ),مثل :**

**1ـ مصر مرفوعة راياتها .** ( مرفوع : اسم مفعول ).

( رايات : نائب فاعل مرفوع وعلامة الرفع الضمة) .( اعتمد على مبتدأ ) .

**2ـ أمفهوم الدرس ؟** ( مفهوم : اسم مفعول )

( الدرس : نائب فاعل ) . ( اعتمد على استفهام ).

**3ـ ما ممنوح الطالب جائزة .** ( ممنوح : اسم مفعول ).

( الطالب : نائب فاعل ، جائزة : مفعول به ) . ( اعتمد على نفي ) .

**4ـ تفوقت فتاة مهذبة أخلاقها.** ( مهذبة : اسم مفعول )

( أخلاقها : نائب فاعل ) . ( اعتمد على موصوف ) .

**فوائد:**

**ـ يجوز أن يضاف اسم المفعول إلى معموله , مثل :**

( الرجل مهضومُ الحقِ ) . الحق : مضاف إليه .

( الرجل مهضومٌ حقه ) . حق : نائب فاعل .

**ـ هناك كلمات تأتى اسم فاعل واسم مفعول وتكون بلفظ واحد ونفرق بين استخدامها بالسياق ,مثل :ـ** [ مُختار ـ مُحتل ـ مُعتد ـ مهتم ـ معتز ـ ........] .

**ـ الاسم المنسوب يرفع نائب فاعل فقط ,مثل :**

أعربي الرجل ؟ الرجل : نائب فاعل .

# رابعا : الصفة المشبهة

"هى ما صيغ من الفعل اللازم للدلالة على من قام به الحدث على سبيل الثبوت والدوام." ؛ مثل : كريم ـ جبان ـ طاهر .... إلخ .

***وسُميت بذلك لأنها تشبه اسم الفاعل من وجهين :**

1.كلاهما يدل على الحدث ومن قام به .
2.كلاهما يقبل التذكير والتأنيث ، الإفراد والتثنية والجمع .

***ولكنها تفترق عن اسم الفاعل فى :**

1.أنها تدل على الثبوت والدوام ، واسم الفاعل يدل على التجدد والاستمرار والحدوث .
2.أنها لا تكون إلا للحال ، واسم الفاعل يكون للماضى وللحال وللاستقبال .
3.لا يجوز تقدم معمول الصفة المشبهة عليها ، فلا يقال : محمد خلقه جميل .

تريد ( محمد جميل خلقه ) بينما يجوز ذلك فى اسم الفاعل .

1.معمولها لا يكون إلا سببا،متصلا بضمير الموصوف،وقد يكون مقترنا ب( أل ) .

مثل :(محمد جميل الخلق )،( محمد جميل خلقه )،أما اسم الفاعل يكون سببًا وغير سببى .وأوزانها الغالبة فيها اثنا عشر وزنا:

1.أفعل ⬦ مؤنثة " فعلاء " . مثل : أحمر وحمراء
2.فعلان ⬦ مؤنثة " فعلى " . مثل : عطشان ، عطشى .
3.فَعَل ⬦ مثل : حَسَن .
4.فُعُل ⬦ مثل : جُنُب .
5.فُعَال ⬦ مثل : شُجاع .
6.فَعَال ⬦ مثل : جبان .
7.فَعْل ⬦ مثل : ضخم .
8.فِعْل ⬦ مثل : مِلْح .

9.فُعْل ◈ مثل :حُرْ .

10.فَعِل ◈ مثل : فَرِح .

11.فاعل ◈ مثل : طاهِر .

12.فعيل ◈ مثل : كريم

ـ ويقول النحاة : "إن علامة الصفة المشبهة استحسان جر فاعلها بها؛نحو:
( الرجل طاهرُ اللسانِ) وأصلها " طاهرٌ لسانه " .

****إعراب الصفة المشبهة مع معمولها :**

1.الصفة المشبهة تعرب حسب موقعها فى الجملة .

2.معمولها له ثلاث حالات إعرابية :-

أـ الرفع على أنه فاعل ، مثل : محمد كريمٌ خُلُقه .

بـ النصب على أنه مشبه بالمفعول به إذا كان معرفة,مثل :محمد كريمٌ خُلقَه .

جـ النصب على أنه تمييز إذا كان نكرة ، مثل : الكاذب قبيحٌ خلقا .

# خامسا : اسما الزمان والمكان

<u>اسم الزمان:</u>
اسم مشتق من الفعل للدلالة على زمن وقوع الفعل ؛ مثل :
ـ الفجر <u>موعد</u> المجاهدين .
<u>اسم المكان:</u>
اسم مشتق من الفعل للدلالة على مكان حدوث الفعل ؛مثل :
المسجد <u>موعد</u> المجاهدين .
[ الصيغة واحدة للمشتقين ونفرق بينهما من سياق الكلام ]
<u>صوغها :</u>
**1ـ <u>من الفعل الثلاثي على وزن :</u>**
أ) <u>مَفْعَل</u> : إذا كان المضارع مضموم العين أو مفتوحها ، أو معتل الآخر ,مثل
:
ـ جرى ◈ يجري ◈ مَجْرَى . ـ ذهب ◈ يذهُب ◈ مَذْهَب .
نقول : ـالمدرسة <u>مذهب</u> الطلاب . [ اسم مكان ] .
ـالصباح <u>مذهب</u> الطلاب . [ اسم زمان ] .
ب) <u>مَفْعِل</u>: إذا كان المضارع مكسور العين أو معتل الأول ، مثل :
ـ وعد ◈ مَوْعِد . ـ جلس ◈ مَجْلِس .
نقول : ـ المدرسة <u>مجلس</u> الأصدقاء . [ اسم مكان ] .
ـ الصباح <u>مجلس</u> الأصدقاء . [ اسم زمان ] .
**2ـ <u>من غير الثلاثي :</u>**
على وزن اسم المفعول ( نأتي بالمضارع مع إبدال حرف المضارعة ميما
مضمومة وفتح ما قبل الآخر ) ,مثل :
ـ استخرج ◈ مُستخرَج . ـ انطلق ◈ منطلَق .
نقول : ـ الأرض <u>مستخرج</u> البترول . ( اسم مكان ) .
ـ الصباح <u>مستخرج</u> البترول . ( اسم زمان ) .
ـ البترول <u>مستخرج</u> من الأرض . ( اسم مفعول ) .

### فوائد

1. قد تدخل تاء التأنيث المربوطة على اسم المكان من الثلاثى , مثل :

- (مدرسة ــ مكتبة ــ مزرعة ــ مطبعة ــ محرقة) .

1. يجوز أن يأتى اسم الزمان واسم المكان جمعا ، مثل ( مصادر ، مواقع ) .

2. فى الفعل الأجوف بالألف غالبا أسماء الزمان والمكان تأتى على وزن ( مفعل ) بزيادة ( ميم ) على حروف الفعل الماضى ؛ مثل :

- دار ﴿ مدار. قام ﴿ مقام . ( مقال ـ مفاز ـ مجال ــ مسار ).

1. شذ عن القاعدة أسماء منها : مشرِق , مغرِب , مفرِق , منبِت , مسجِد , مطلِع , منسِك .

# سادسا : اسم الآلة

<u>تعريفه</u>

"اسم يصاغ من الفعل الثلاثى ليدل على ما وقع الفعل بواسطته".
( يدل على الأداة التى استخدمت ) ,مثل :- ( مفتاح ) .

<u>نوعا اسم الآلة</u>

## 1.اسم الآلة السماعى ( الجامد ) :

يأتى على أوزان شتى ، لا ضابط لها ,مثل :
[ فأس ، قدوم ، سكين ، رمح ,قلم, جرس ,خنجر ,درع , قرطاس ,سيف... ] .

## 1.اسم الآلة القياسى ( المشتق )

يصاغ من الفعل الثلاثى المتصرف على وزن :-

1.**مِفْعال** : مثل : منشار ، مفتاح ، مِقراض , مصباح ,مذياع ,مكيال, مقياس.
2.**مِفْعل** : مثل : مبرد ، مدفع ، محلب , مجهر ,مقص ,مثقب ,مشرط.
3.**مِفْعَلة** : مثل: مكنسة ، مقرعة ، مسطرة ,مرآة,مكواة,ممحاة ,مصفاة,معلقة.

<u>فوائد</u>

1.<u>يجوز استخدام اسم الآلة قياسيا على وزن</u> :-

- ( **فَعَّال** ) ، مثل:-[ سخان,جرار,عداد]
- ( **فَعَّالة** ) ، مثل: [ غسالة ,ثلاجة,غواصة,سيارة ].
- (**فاعول**),مثل] حاسوب ,ساطور,ناقوس[.
- (**فاعلة**),مثل ]ساقية, طائرة,قاطرة ,ساقية [.

1.<u>يعرب حسب موقعه فى الجملة.</u>
2.<u>وزن " مفعال " يأتى اسم آلة ، وصيغة مبالغة والتفرقة بينهما من سياق ، مثل :</u>

ـ هذا الرجل منشار للأخبار . ( صيغة مبالغة ) .
ـ يستخدم النجار المنشار . ( اسم آلة ) .

# المصادر
# 1-المصدر الصريح

"اسم يدل على حدث مجرد من الزمن" .

( المصادر نوعان )

1- المصادر السماعية :

وهى مصادر الأفعال الثلاثية وسميت بذلك ، لأنها سمعت وليس لها قاعدة تقاس عليها .

**ومن أوزانها :**

1- **فعيل** : ما دل على سير أو صوت ، مثل : ( رحيل ) ، ( صهيل ) .

2- **فعلان**: ما دل على اضطراب ، مثل : ( طيران – جريان – جولان ) .

3- **فَعَل**: ما دل على ابتلاء ، مثل : ( عمى – عَرَج – حَوَل ) .

4- **فُعول**: ما دل على حركة ، مثل : ( صعود – نزول – جلوس ) .

5- **فعالة** : ما دل على حرفة ، مثل : (صناعة – زراعة – تجارة ) .

6- **فُعال**: ما دل على مرض ، مثل : ( صُداع – سُعال – زُكام ) .

7- **فُعْلة** : ما دل على لون ، مثل : (حمرة – خضرة – ...... ) .

2- المصادر القياسية :

وهى التى لها اوزان تقاس عليها ، وهى مصادر الفعل الرباعى ، والخماسى ، والسداسى.

أ) مصادر الفعل الرباعى :

1.إذا كان الفعل على وزن ( فَعَّل ) فمصدره على وزن ( تفعيل ) ، مثل :

( علم ⟵ تعليم ) ، ( شرد ⟵ تشريد ) ، ( عظم ⟵ تعظيم ) .
وإذا كان معتل الآخر ، فإن مصدر يأتى على وزن ( تفعلة ) ,مثل :
( قَوّى ⟵ تقوية )،(ضَحَّى ⟵ تضحية) .

1.إذا كان الفعل على وزن ( فاعل ) فمصدره على وزن ( فعال ) أو ( مُفاعلة ) مثل : جاهد ⟵ ( جهاد – مجاهدة ) . حاسب ⟵ (حساب – محاسبة ).

**1. إذا كان الفعل على وزن ( أفعل ) فمصدره على وزن ( إفعال ) ؛مثل :**

( أبدع ◊ إبداع ) ،( أكرم ◊ إكرام ), ( أسلم ◊ إسلام ) .
وإذا كان معتل العين فمصدره على وزن ( إفعلة ) ، مثل :
( أدار ◊ إدارة ) ،( أقام ◊ إقامة ) .

**1.إذا كان الفعل على وزن ( فعلل) فمصدره يأتى على وزن ( فَعْللةَ )؛مثل :**

( ترجم ◊ ترجمة ) ، ( دحرج ◊ دحرجة )
وإذا كان مضعفا فمصدره على وزن ( فعللة / فعلال ) ، مثل :
( زلزل ◊ زلزلة ـ زلزال ) ،( وسوس ◊ وسوسة ـ وسواس ) .
**ب) <u>مصادر الفعل الخماسى</u>**

**1.إذا كان الفعل الخماسى مبدوءا بهمزة وصل ، فإن مصدره يأتى بكسر الحرف الثالث وزيادة ألف قبل آخره ,مثل :**

ـ انكسر ◊ انكسار. ( انفعل ◊ انفعال ).
ـ اجتمع ◊ اجتماع . ( افتعل ◊ افتعال ).

**1.إذا كان الفعل الخماسى مبدوءا بتاء زائدة ، فالمصدر هو الفعل نفسه مع ضم ما قبل آخره ,مثل :**

ـ تَعَلَّم ◊ تَعَلُّم . (تَفَعَّل ◊ تَفَعُّل ).
ـ تَقَدَّم ◊ تَقَدُّم . ( تفعل ◊ تفعُّل ).
وإذا كان آخره حرف علة ، كسر ما قبل آخرة وقلب حرف العلة ياء ، مثل :
( تحدى ◊ تَحَدٍ ) .

**ج)<u>مصادر الأفعال السداسية :</u>**

**1.إذا كان الفعل على وزن(استفعل) فمصدره يأتى على وزن(استفعال).مثل:**

( استعمل ◈ استعمال ) ،( استغفر ◈ استغفار ) .

وإذا كان على وزن ( استفعل ) ، ومعتل العين ( الحرف قبل الآخير ألف )

مثل :

( استقام ) فمصدره ( استفعلة ) ؛مثل :

( استقام ◈ استقامة )،( استشار ◈ استشارة ) .

## فائدة

## اسم المصدر :

هو ما ساوى المصدر في الدلالة على معناه , وخالفه بخلوه ـ لفظا أو تقديرا دون

عوض ـ من بعض ما في فعله وهو أقل في حروفه من المصدر , مثل :

ـ أعان ◈ عونا . ( المصدر : إعانة ).

ـ تكلم ◈ كلاما . ( المصدر : تكلم ) .

ومثل : توضأ ◈ وضوءا .

# إعمال المصدر

يقوم المصدر بوظيفة فعله عندما يكون مقدرا بـ ( أنْ ) والفعل ، أو بـ ( ما ) والفعل .

ـ ( أن والفعل ) للماضى والمضارع وتدل أيضا على الاستقبال .

ـ ما والفعل إذا أردنا التعبير عن الحال .

مثل : ( يسعدنى ما تفهم الدرس الآن ) ، ( يسعدنى فهمك الدرس الآن ) .

**وله ثلاث صور :**

**الصورة الأولى : ( المصدر المضاف ) .**

ويكون مضافا للفاعل ناصبا المفعول , مثل قوله تعالى: " وَلَوْلا دَفْعُ اللَّهِ النَّاسَ بَعْضَهُمْ بِبَعْضٍ لَفَسَدَتْ الأَرْضُ "[137] . أضيف المصدر لفاعله.

( الله : لفظ الجلالة مضاف إليه مجرور وعلامة الجر الكسرة ) .

ونصب مفعوله : ( الناس : مفعول به منصوب وعلامة النصب الفتحة ) .

ـ كما يأتى مضافا إلى المفعول به وبعده الفاعل .

مثل قول الرسول ﷺ فى جزء من حديثه :ـ " وحج البيت لمن استطاع إليه سبيلا " . أضيف إلى مفعوله ( البيت : مضاف إليه ) وبعده الفاعل ( مَنْ ) .

**الصورة الثانية : ( المصدر المنون ) ( المجرد من أل والإضافة ) .**

مثل : قوله تعالى :" أَوْ إِطْعَامٌ فِي يَوْمٍ ذِي مَسْغَبَةٍ (14) يَتِيما ذَا مَقْرَبَةٍ ".[138]

( يتيما : مفعول به للمصدر إطعام ) .

****الصورة الثالثة : المصدر المقترن بأل :**

وهى صورة نادرة فى اللغة وصفها النحاة بأنها تصل إلى حد الشذوذ ؛ مثل : قول الشاعر :

ضعيف النكايةِ أعداءَهُ يخالُ الفرارَ يُراخى الأجَلْ

كلمة ( أعداء ) مفعول به للمصدر المحلى بأل وهو ( النكاية ) .

# 2ـ المصدر الميمى

**تعريفه** " اسم يبدأ بميم زائدة ، ويدل على معنى المصدر الأصلى.
( الحدث مجرد من الزمن ) , وليس على وزن مفاعلة".
مثل : مذهب ( ذهاب ) ، موعد ( وعد ) .وهو أقوى في الدلالة على المعنى
من المصدر الصريح.
**صوغه :**

**1.من الفعل الثلاثى :**

على وزن ( مَفْعَل ) أو ( مَفْعِل ) مثل اسم الزمان واسم المكان .
مثل : ـ سعى الطالب مسعى . ـ وفى الرجل بموعده .

**1.يصاغ فى الفعل الغير ثلاثى على وزن اسم المفعول .** مثل :ـ انطلقت
الطيور منطلقا ـ استخرج العامل البترول مستخرجا .

**فائدة**

*ـ المصدر الميمى يصح أن نضع مكانه ( أن + المضارع ) ( المصدر
المؤول ) أو المصدر الصريح ويستقيم المعنى ، مثل :ـ
ـ مسعى الطالب إلى النجاح شيء عظيم . ( أن يسعى الطالب ...)
ـ وفى الرجل بموعده . ( وفى الرجل بوعده ).
*ـ قد تزاد على صيغة المصدر الميمي ( تاء ) في آخره , مثل :
مضرة , مغفرة ,مأكلة.

# 3ـ المصدر الصناعى

" اسم زيد على آخرة حرفان هما الياء المشددة وتاءالتأنيث للدلالة على معنى المصدر".

مثل :

إنسان ◊ إنسان + يـ + ة = إنسانية .

( علم ◊ علمية ).

( تقدم ◊ تقدمية ). الحرية ، الوطنية ، .... الخ.

ـ يصاغ أيضا من الضمير ؛مثل : هو ◊ هوية , أنا ◊ أنانية.

ومن الكلمات المركبة , مثل : رأسمال ◊ رأسمالية.

## ملحوظة مهمة

المصدر الصناعى لا يأتى صفة ، وإذا جاء صفة فهو اسم منسوب وليس مصدرا صناعيا ؛مثل :

ـ إنَّ الوطنية تجرى فى الدماء . ( مصدر صناعى ) .

ـ إنَّ الأعمال الوطنية عظيمة . ( اسم منسوب لأنه صفة ) .

# 4ـ المصدر المؤول

**يتكون من :**

1.**أن + الفعل** ◊ أن تجتهد خير لك .ينبغي ألا( أن+لا) يكذب الرجل .

2.**ما + الفعل** ◊ ليس للرجل إلا ما سعى .

3.**أنَّ + الاسم + الخبر** ◊ سرنى أنك ناجح .

**إعرابه :**

يعرب المصدر المؤول حسب موقعه فى الجملة ، ويكون فى محل رفع ، أو نصب ، أو جر ,مثل :

*ـ سرنى أنك ناجح .

( نجاحك ), المصدر المؤول من أنّ واسمها وخبرها فى محل رفع فاعل .

*ـ استطاع الطالب أنْ يحقق حلمه.

( تحقيق ),المصدر المؤول فى محل نصب مفعول به .

***تحويل المصدر المؤول إلى مصدر صريح**

**1- إذا كان المصدر المؤول يتكون من (أن والفعل) أو(ما والفعل) فإننا نأتى بالمصدر الصريح مباشرة , مثل : ينبغى أن تجتهد ◊ ينبغى الاجتهاد .**

**2- إذا كان المصدر المؤول منفيا نأتى بكلمة ( عدم ) ، مثل :**

يجب ألا تكذب ( أن لا تكذب ) ◊ يجب عدم الكذب .

**3- إذا كان المصدر المؤول يتكون من ( أنّ + الاسم + الخبر ) له حالتان :-**

أ) الخبر جملة فعلية أو اسم مشتق وفى هذه الحالة نأتى بالمصدر الصريح مضافًا إلى اسمها ,مثل : (يعجبنى أنك صادق ) ◊ يعجبنى صدقك .

ب) الخبر اسم جامد وفى هذه الحالة نأتى بكلمة ( كون ) مضافة إلى اسم أن .

مثل : ( علمت أنَّ الرجل أسد ) ◊ علمت كون الرجل أسدا .

# اسم المَرّة

**تعريفه** " مصدر يدل على حدوث الفعل مرة واحدة " .

*ـ مثل : زرت المريض زَورة . *ـ جلس الولد جَلسة.

## صوغه

**1ـ من الفعل الثلاثى على وزن ( فَعْلة ) ؛مثل :**

( ضرب ◈ ضَرْبة) . ( هجم ◈ هَجْمة). (مشى ◈ مَشْية) . (جلس ◈ جَلْسة) .

نقول : ( لكل جواد كَبْوة ) .

**2ـ من الفعل الغير الثلاثى نأتى بالمصدر وفى آخرة تاء مربوطة ، مثل :**

( اندفع ◈ اندفاعة ) . ( انطلق ◈ انطلاقة ).

***ملحوظة مهمة**

ـ إذا كان المصدر مختوما بالتاء ، نأتى بكملة واحدة . مثل :-

( رحم ◈ رحمة واحدة ) . ( قسا ◈ قسوة واحدة).

( استقام ◈ استقامة واحدة ) .

( قاوم ◈ مقاومة واحدة).

**فائدة :**

**" ولابد فى صياغة ( فعله ) الدالة على ( المرة ) من تحقق شرطين :-**

1ـ أن يكون لشيء حسي ، صادر من الجوارح الظاهرة والأعضاء الجسمية.

2- وأن يكون ذلك الشيء المحسوس غير ثابت ، فلا تصح صياغة " فَعلة " للدلالة على أمر معنوي عقلي محض ، كالذكاء أو العلم أو الجهل أو النبوغ ، ولا تصح صياغتها من الأوصاف الثابتة ، كالظرف ، والحسن ، والملاحة ، والقبح ، والطول ، والقصر ".

# اسم الهيئة

<u>تعريفه</u> :"مصدر يدل على هيئة الفعل وقت وقوعه".

مثل : ( جلس الرجل جِلْسة الأسد ). ( مشى الولد مِشْية سريعة ).

## صوغه

**1 ـ من الفعل الثلاثى على وزن ( فِعْلة ) .**

مثل : أكل ﴾ إِكْلة .

جلس ﴾ جِلْسة .

مشى ﴾ مِشْية .

**2 ـ" لا يأتى من غير الثلاثى إلا نادرا ، وفى هذه الحالة نأتى بالمصدر الصريح مع وصف أو إضافة" ,مثل :**

( انطلق الرجل <u>انطلاق الأقوياء</u> )

**ـ إذا كان المصدر على وزن (فِعلة) نأتي بالصفة ونحوها ,مثل :**

ـ نشدت ضالتي نِشدة عظيمة .

ALAA ISMAEL

# تثنية وجمع الاسم
# المقصور والمنقوص والممدود

<u>أولا : الاسم المقصور</u>

**تعريفه:**

هو كل اسم معرب آخره ألف لازمة مفتوح ما قبلها ,مثل:

( عصا ـ رضا ـ صغرى ـ كبرى ) .

**إعرابه:**

يعرب حسب موقعه بحركات مقدرة ,مثل : ( تفوق **مصطفى** فى الامتحان ) .

**مصطفى** : فاعل مرفوع وعلامة الرفع الضمة المقدرة .

**تثنية الاسم المقصور وجمعه جمع مؤنث سالما**

**أ) إذا كانت الألف ثالثة ترد إلى أصلها ( الواو / الياء ) مع زيادة علامة التثنية أو الجمع ,مثل :**

*ـ عصا ◈ عصوان ـ عصوات .

*ـ هدى ◈ هديان ـ هديات .

ويمكن معرفة أصل الألف من المصدر أو المضارع أو رسم الألف .

ـ ( هدى ◈ يهدى ) ، ( مها ◈ مهو ◈ مهوان )

**ب) إذا كانت الألف رابعة فأكثر تقلب ياء مع زيادة علامة التثنية أو الجمع ،**

مثل: *ـ مستشفى ◈ مستشفيان ـ مستشفيات .

*ـ صغرى ◈ صغريان ـ صغريات .

<u>**إذا كان بعد ألف المقصور ( تاء ) وجب حذفها**</u> ,مثل :

( فتاة ◈ فتيات ) . ◈ ( قناة ◈ قنوات ).

***جمع الاسم المقصور جمع مذكر سالما**

**عند جمع الاسم المقصور جمع مذكر سالمًا نحذف الألف ويظل ما قبلها مفتوحًا مع زيادة علامة الجمع ,مثل :**

ـ رضا ◊ ( الرضَون ـ الرضين ) .

ـ مصطفى ◊ ( مصطفَون ـ مصطفَين ) .

ـ أعلى ◊ ( أعلَون ـ أعلَين ) .

<u>ثانيا: الاسم المنقوص</u>

<u>تعريفه</u> : هو كل اسم معرب آخره ياء لازمة مكسور ما قبلها ,مثل :

القاضى ـ الداعى ـ ساع .

***تحذف ياء الاسم المنقوص فى حالتى الرفع والجر إذا كان نكرة ، مثل :-**

جاء قاضٍ عادل / سلمت على قاضٍ عادل .

*** تبقى الياء فى حالة النصب ، أو التعريف بأل أو الإضافة ، مثل : -**

جاء القاضى / جاء قاضى المدينة / رأيت قاضيا .

<u>إعرابه</u> :

يعرب حسب موقعه بحركات مقدرة فى حالتى الرفع والجر وينصب بالفتحة الظاهرة ( مفرد ) .

مثل :( يحترم الناس الداعى إلى الخير).

الداعى : مفعول به منصوب وعلامة النصب الفتحة الظاهرة .

( مررت بالداعى إلى الخير ) .

الداعى : اسم مجرور وعلامة الجر الكسرة المقدرة .

## * تثنية الاسم المنقوص وجمعه جمع مؤنث سالما

تبقى الياء كما هى ، وترد إذا كانت محذوفة مع زيادة علامة التثنية أو الجمع مثل : ـ القاضى ⟸ القاضيان ـ القاضيات .

ـ ساعٍ ⟸ ساعيان ـ ساعيات .

ـ محامٍ ⟸ محاميان ـ محاميات .

## * جمع الاسم المنقوص جمع مذكر سالما

تحذف الياء ، وتبقى محذوفة إذا كانت محذوفة ، مثل :

ـ ساعٍ ⟸ ساعون ـ ساعين .

ـ الداعى ⟸ الداعون ـ الداعين .

## ثالثا : الاسم الممدود

**تعريفه** : "هو كل اسم معرب آخره همزة قبلها ألف زائدة .

( وتكون الألف بعد حرفين أو أكثر ) .

مثل : ( ابتداء ـ سماء ـ خضراء ) .

أما كلمة ( ماء ) أو ( داء ) فلا تعد من باب الاسم الممدود .

**إعرابه** : يعرب حسب موقعه بحركات ظاهرة .

## أنواع همزة الممدود

1.**أصلية** : وتظهر فى آخر الفعل ، مثل : قرَّاء ( قرأ ) ـ إنشاء ( أنشأ ) .

2.**منقلبة عن أصل ( الواو / الياء )** :

وهى التى يظهر أصلها فى الفعل المضارع ؛مثل :ـ

( سماء ⟸ يسمو / قضاء ⟸ يقضى )

1.**مزيدة للتأنيث** : وهى ما ليست أصلية أو منقلبة عن أصل ، وتأتى بعد ثلاثة حروف أصليةأو أربعة ؛مثل :

( خضراء ( خضر ) ـ صحراء ( صحر ) ـ علماء ، شعراء ، .... ).

## تثنية الاسم الممدود وجمعه جمعا سالما

1.**إذا كانت الهمزة أصلية تبقى كما هى مع زيادة علامة التثنية أو الجمع**

إنشاء ⟸ إنشاءان ـ إنشاءات

قرَّاء ⟸ قراءان ـ قراءون .

1. إذا كانت الهمزة منقلبة عن أصل يجوز أن تبقى كما هى أو تقلب واوا ، مع زيادة علامة التثنيةأو الجمع ، مثل :

[ سماء ⟡ سماءان ـ سماوان ـ سماءات ـ سماوات ] .
[ بناء ⟡ بناءان ـ بناوان ـ بناءات ـ بناوات ] .

1. إذا كانت الهمزة مزيدة للتأنيث تقلب واوا مع زيادة علامة التثنية أو الجمع، مثل :

[ صحراء ⟡ صحراوان ـ صحراوات ] .
[ خضراء ⟡ خضراوان ـ خضراوات ] .

# التصغير

*التصغير هو " التقليل " ، وهو تغيير مخصوص يلحق بالاسم لأغراض معينة
" .

## كيفية التصغير :
الأصل أن يُضم الحرف الأول ويفتح الحرف الثانى وزيادة ياء ساكنة بعد الحرف
الثانى تُسمى "ياء التصغير " ، مثل : ـ رَجُل ◊ رُجَيْل .

## شروط التصغير

1. أن يكون المصغر اسما ، فلا يصغر الفعل ولا الحرف .
2. ألا يكون الاسم متوغلا فى شبه الحرف ، فلا تصغر المضمرات ، أما تصغير بعض الموصولات وأسماء الإشارة فيعد ـ عند النحاة ـ شاذا .
3. أن يكون خاليا من صيغ التصغير وشبهها فمثلا لا تصغر الكلمات :

( كُميت ، شُعيب ... )

1. أن يكون الاسم قابلا للتصغير ، فلا تصغر الأسماء المعظمة كأسماء الله تعالى والأنبياء والملائكة ، ولا جمع الكثرة ، ولا أسماء الشهور والأسبوع .

## أوزانه
### [ فُعَيْل ـ فُعَيْعِل ـ فُعَيعِيل ]

1. فُعَيْل: وهو خاص بالثلاثى ، مثل :

( ولد ◊ وُلَيْد ) ( وطن ◊ وطين )

1. فعيعل : وهو خاص بالاسم الرباعى ، مثل :

( درهم ◊ دريهم ) ( منزل ◊ منيزل )

1. فعيعيل : وهو خاص بالاسم الخماسى والسداسى ، مثل :

( مصباح ◈ مصيبيح ) ( قنديل ◈ قنيديل )

**وإليك تفصيل ما سبق :ـ**

**1ـ تصغير الاسم الثلاثى :**

نتبع ما يأتى : ضم الحرف الأول ، وفتح الحرف الثانى ، وإضافة ياء ساكنة بعد الثانى ,مثل : ( رجل ◈ رُجَيْل )

ويعامل معاملة الثلاثى الأسماء الآتية :

1.الاسم الرباعى المختوم بتاء تأنيث , مثل :

( شجرة ◈ شجيرة ) ، ( دولة ◈ دولية ) .

1.الاسم الرباعى المختوم بألف التأنيث المقصورة ,مثل :

( كبرى ◈ كبيرى ) ، ( سلوى ◈ سُلَيوى )

1.الاسم المختوم بهمزة التأنيث ( بعد ثلاثة أحرف أصلية ) ,مثل :

خضراء ◈ خُضَيْراء ـ صحراء ◈ صُحَيْراء .

1.جمع التكسير على وزن " أفعال " ( جمع قلة ) ,مثل :

أصحاب ◈ أصيحاب ـ أفراس ◈ أفيراس .

1.الاسم المختوم بألف ونون مزيدتين ( بعد ثلاثة أحرف أصلية ) ,مثل :

(عثمان ◈ عُثيمان ) ، ( سلمان ◈ سُليمان )

**1.الاسم الرباعى**

يضم الحرف الأول ويفتح الثانى ، ونضع ياء ساكنة بعد الثانى ، وكسر مابعد الياء ,مثل :

[ أحمد ◈ أُحَيْمِد ، مجلس ◈ مُجَيْلِس ] .

ويعامل معاملة الرباعى ما يأتى :

1.الاسم المختوم بهمزة التأنيث بعد أربعة حروف أصلية ، مثل .

عقرباء ◈ عقيرباء ، سلحفاء ◈ سليحفاء .

1.الاسم المختوم بألف ونون مزيدتين بعد أربعة حروف ، مثل :

زعفران ◈ زعيفران ، أقحوان ◈ أقيحوان .

1.الرباعى المختوم بياء النسب :

جعفرى ◈ جعيفرى ، عبقرى ◈ عُبَيْقِرى .

## 1.الاسم الخماسى وما زاد عليه

ـ يكتفى بالحروف الأربعة الأولى ، ويحذف الباقى على وزن ( فعيعل ) ،مثل:ـ

فرزدق ◈ فريزد ، مدحرج ◈ دحيرج . مستخرج ◈ مُخيرج . ( يحذف الحرف الأقل أهمية ) .

**قواعد**

**1ـ تصغير المركب : يصغر الجزء الأول فقط :**
( عبد الله ◈ عُبَيْدِ الله ) ، ( فتح الباب ◈ فُتَيْحِ الباب ).
**2ـ إذا كان الحرف الثانى علة يرد إلى أصله ويصغر ،**
باب ◈ بوب ◈ بويب . موقن ◈ يقن ◈ مُيَيْقِن .
**3ـ إذا كان حرف العلة زائدا مثل ( فاعل ) ، أو مجهول الأصل يقلب واوا .**
مثل :ـ شاعر ◈ شويعر . ـ عاج ◈ عويج .
**4ـ إذا كان الحرف الثالث معتلا بالألف أو الواو فإنه يقلب ياء ويدغم فى ياء التصغير ، وإذا كان معتلا بالياء أدغمت فى ياء التصغير ، مثل :**
( كتاب ◈ كُتَيّب ، صبور ◈ صُبَيّر ، جميل ◈ جُمَيِّل ) .
**5ـ إذا كان الحرف الرابع معتلا وجب قلبه ياء ، ليكون على وزن " فُعَيْعيل ":**
مثل : عصفور ◈ عصيفير . قنديل ◈ قنيديل .
*** عند التصغير يرد الحرف المحذوف ، مثل :**
أب ◈ أبو ◈ أُبَىّ . أخ ◈ أخو ◈ أُخَىّ .

## من أغراض التصغير :

1.التحقير : هذا رُجَيل.

2.**التقليل** : تقليل الجسم والكمية والعدد ، مثل : وريقات ، وُلَيْد ....

3.**التقريب** : تقريب الزمان والمكان : ( قُبيل ، بُعيد ) .

4.**الترحم** : مسكين ◊ مسيكين .

5.**إظهار الود والعطف** : يا بُنى .

6.**الاختصار اللفظى** : نُهَير ◊ نهر صغير .

# النسب

" هو إلحاق أو إضافة ياء مشددة آخر الاسم للدلالة على نسبة شيء إلى هذا الاسم " , مثل : مصر ◊ مصريّ .

**طريقته :**

إضافة ياء النسب المشددة مكسور ما قبلها , مثل :

عرب ◊ عربى , وطن ◊ وطنى .

*** النسب إلى الاسم المختوم بتاء التأنيث :**

تحذف التاء وتضاف ياء النسب ، مثل :

مدرسة ◊ مدرسيّ ، مرحلة ◊ مرحليّ ، صناعة ◊ صناعيّ .

*** النسب للاسم المقصور الثلاثى :**

تقلب ألف المقصور الثالثة واوا ، وتضاف ياء النسب ويكسر ما قبلها ، مثل :

عصا ◊ عصويّ ، علا ◊ علويّ .

*** النسب للاسم المقصور الرباعى الذى ثانيه حرف ساكن .** مثل : (طَنْطا ، طَهْطا ، دُنْيا ) . يجوز فيه ثلاثة أوجه :ـ

● حذف الألف ◊ طهطا ◊ طهطِيّ .

● قلب الألف واوا ◊ طهطا ◊ طهطويّ .

● قلب الألف واوا ، ثم تزاد الألف قبل الواو ثم تضاف ياء النسب ◊ طهطاوِيّ .

*** النسب للاسم المقصور الرباعى الذى ثانية حرف متحرك .** مثل : ( كَنَدا )

تحذف الألف وتضاف ياء النسب ويكسر ما قبلها .

كندا ◊ كندِيّ .

*** النسب إلى المقصور الخماسى وما زاد عليها .**

تحذف الألف وتضاف ياء النسب , مثل :

فرنسا ◊ فرنسى

مصطفى ◊ مصطفيّ .

*** النسب إلى الاسم المنقوص**

ـ إذا كانت الياء ثالثة تقلب واوا ، مثل :

ندي ◊ ندوى . شجي ◊ شجوى .

ـ إذا كانت الياء رابعة يجوز أمران :

1ـ حذف الياء ◊ الداعى ◊ الداعيّ ، القاضى ◊ القاضيّ

2ـ قلب الياء واوًا ◊ الداعى ◊ الداعوىّ , القاضى ◊ القاضوىّ

ـ إذا كانت الياء خامسة فأكثر تحذف ؛مثل :

المعتدى ◊ المعتديّ ، المستكفى ◊ المستكفيّ .

<u>**النسب إلى الاسم الممدود**</u>

● الهمزة إذا كانت أصلية تبقى كما هى : إنشاء ◊ إنشائي .

● إذا كانت منقلبة عن أصل يجوز أمران :

1ـ أن تبقى كما هى ◊ سماء ◊ سمائى .

2ـ أن تقلب واوا ◊ سماء ◊ سماوى .

● إذا كانت الهمزة مزيدة للتأنيث تقلب واوًا ؛مثل:ـ صحراء ◊ صحراوى .

<u>**النسب إلى ( فعيلة )**</u>

ـ إذا كان الحرف الثانى صحيحًا تحذف ياء فعيلة ، وتاء التأنيث ، مثل :

صحيفة ◊ صحفى ، مدينة ◊ مدنىّ .

ـ إذا كان الحرف الثانى حرف علة أو مضعفا ( الثانى مثل الرابع ) تبقى الياء ، مثل : طويلة ◊ طويلىّ ، عليلة ◊ عليلىّ .

<u>***النسب إلى الاسم الثلاثي محذوف اللام**</u>

يرد الحرف المحذوف ويقلب واوا ، مثل : دم ◊ دمو ◊ دموىّ . لغة ◊ لغوىّ . يد ◊ يدوىّ .

<u>*** من الأسماء المنسوبة على غير القاعدة :**</u>

عشواء ◊ عشوائى .

روح ◊ روحانى.

بدو ـ بادية ◊ بدوى .

حق ◊ حقانى .

اليمن ◊ يمانى .

قرية ◊ قروى .

قريش ◊ قرشى .

*** إذا كان الاسم مختوما بياء مشددة قبلها حرف واحد ، مثل ( حَيّ ) ، تقلب الياء الثانية واوا .**

مثل :- حيّ ◊ حيوىّ .

*** النسب إلى العلم المركب**

1. ينسب إلى صدر العلم المركب إسنادا أو مزجيا ، مثل :

معد يكرب ◊ مَعْدى تأبط شرًا ◊ تأبطىّ
وقد ينسب إلى عجزه ، مثل : معد يكرب ◊ كربىّ ، بعلبك ◊ بكّىّ .

1. وكذلك الأمر فى المركب الإضافى ، مثل :

عبد الله ◊ عبدىّ .

وكامرئ القيس ◊ امرئى أو مَرَئىّ .

ويستثنى من المركب الإضافى ما كان كنية : كأبى بكر ، وأم كلثوم ، ابن عمر ، فإننا ننسب إلى عجزه نقول : بكرى ، كلثومى ، عُمرىّ .

**ملحوظة**

قد يستغنى عن ياء النسب غالبا بصوغ "فاعل" كما يقول النحاة . مثل :- طاعم ، تامر .

مثل قول الشاعر :

دع المكارم لا ترحل لبغُيتها واقعد فإنك أنت الطاعم الكاسى

أى : ذو طعام وكسوة .

أو على وزن "فعَّال " مقصودا به الحرف ، مثل : نُجَّار ، عَطَّار .

◊ ◊

# ملحق
# قواعد النطق والإملاء

**أل القمرية المظهرة ، و أل الشمسية المدغمة "**

## * " أل القمرية المظهرة "

هي التي تكتب فى أول الأسماء وتظهر عند النطق ، وهى لام ساكنة ، وتسمى (أل) المظهرة ؛لأنها تظهر عند النطق بها , مثل : الْـعلم ـالْـقلم ـ الْـكلام . ويأتي بعدها حرف من الحروف الآتية:

" أ ـ ب ـ ج ـ ح ـ خ ـ ع ـ غ ـ ف ـ ق ـ ك ـ م ـ هـ ـٰو ـ ي"

و حروف ( أل ) القمرية جمعت في هذه الجملة :

" ابغ حجك وخف عقيمه".

## * " أل الشمسية المدغمة "

هي التي تكتب ولا تنطق ( لأنها تدغم بالحرف الذي بعدها ، فيكتب الحرف الذي بعدها مشددًا) . مثال :الـتُّفاح ـ الـذَّهب ـ الصّدق ـ الـطَّعام ويأتي بعدها حرف من الحروف الآتية مشددا:

" ت ـ ث ـ د ـ ذ ـ س ـ ش ـ ص ـ ض ـ ط ـ ظ ـ ل ـ ن "

## كتابة الهمزة

**قاعدة مهمة :**

1.الحركات هي : الكسرة ، الضمة ، الفتحة ، السكون وهي مرتبة ترتيبا تنازليا فالكسرة أقوى من الضمة وهكذا .... 

2.لكل حركة حرف يناسبها :

( الكسرة ◈ الياء / الضمة ◈ الواو / الفتحة ◈ الألف ).

**الهمزة فى أول الكلمة**

1.تكتب على الألف دائما ، وتوضع الهمزة فوق الألف إذا كانت مفتوحة أو مضمومة : مثل ، أحمد ، أسامة . وتوضع تحت الألف إذا كانت مكسورة ، مثل:إكرام ،وتسمى فى هذه الحالة " همزة قطع". أما همزة الوصل فلا نضع على الألف شيئا ؛مثل : اجتماع ، انتظار .

2.إذا جاء بعد الهمزة ألف مد ، أو همزة ساكنة ، نضع علامة المد ( ~ ) فوق الألف , مثل :

آخذ ◈ اسم فاعل من ( أخذ ) وأصله ( أأخذ ) , آمن , آكل.

**همزة (ألف)الوصل ، وهمزة القطع**

<u>الهمزة في أول الكلمةنوعان:-</u>

(أ) **همزة وصل** : وهي همزة تنطق في ابتداء الكلام ولا تنطق عند وصله بماقبلها، ولا يرسم عليها أو تحتها همزة وتكتب هكذا (ا).

<u>مواضع همزة الوصل :</u>

<u>(1) في الأفعال</u> :

أ ـ أمر الثلاثي المبدوء بهمزة : اكتب , اذهب , اجلس .

ب ـ ماضي وأمر ومصدر الخماسي: اجتَمَعَ , اجتمعْ , اجتماع .

جـ ـ ماضي وأمر ومصدر السداسي: استخَرج , استخْرج , استخراج.

<u>(2) في الأسماء:</u>

" ابن، ابنة، ابنم، اثنان، اثنتان، امرؤ، امرأة، اسم، ايمن ..... " .

<u>(3) في الحروف</u> :

أل التعريف ، مثل : القاضي ، المدرسة.

(ب)**همزة القطع** : وهي همزةمتحركة تقع في أول الكلمة، وينطق بها في ابتداءالكلام وفي وسطه،وتكتب هكذا:

(أ) إذاجاءت مفتوحةً أو مضمومة ، و (إ) إذا كانت مكسورة.

* **مواضع همزة القطع** :

<u>(1) في الأفعال:</u>

أ ـ ماضي الثلاثي ومصدره: أكل، أكلاـ أخذ ، أخذا .

ب ـ ماضي الرباعي وأمره مصدره: أسلمَ, أسْلمْ , إسلام .

جـ ـ كل مضارع مبدوء بهمزة : أذهب , أستخرج , أتقدم .

<u>(2) في الأسماء</u>:في جميع الأسماء عدا شواذ الأسماء المذكورة في همزة الوصل.

<u>(3) في الحروف</u>:جميعها عدا [أل] التعريف,مثل: إنّ , أنّ,إلى , أو......

<u>مواضع حذف همزة الوصل :</u>

1- إذا سبقت بهمزة استفهام : أنطلق الرجل ؟

2-إذا سبقت بلام الابتداء[ للعلم]،أو لام الاستغاثة[يا لَلّه] ، أو لام الجر [[للنور .

3-تحذف من البسملة التامة : بسم الله الرحمن الرحيم.

<u>تحذف همزة (ابن) في ثلاثة مواضع :</u>

أ ـ إذا وقعت بين علمين الثاني والد الأول ولم تقع ( ابن ) في بداية السطر :
مثل : عمر بن الخطاب .
ب ـ إذا سبقت بحرف نداء : يا بن الخطاب .
ج ـ إذا سبقت بـهمزة الاستفهام : أبنك عليّ ؟
* تحذف همزة ( امرؤ ، امرأة ) إذا سبقت بـ ( أل ) : فتصيران ( المرء ،
المرأة ).
* إذا دخلت همزة الاستفهام على المعرف بـ (أل) قُلبت همزة الاستفهام وهمزة
الوصل مدة ، مثل: آلكتاب لك ؟

## الهمزة المتوسطة

### 1.كتابة الهمزة المتوسطة على الألف

ـ إذا كانت مفتوحة وقبلها حرف مفتوح أو ساكن ؛مثل : ( اطمأن ـ يسأل ) .

ـ إذا كانت ساكنه وقبلها حرف مفتوح ؛مثل ( رَأى ) .

### 1.كتابة الهمزة المتوسطة على الياء ( نبرة )

ـ إذا كانت مكسورة أو كان ما قبلها مكسورا ◈ صائم ، بئس.

ـ إذا كانت مفتوحة وقبلها ياء ساكنة ◈ خطيئة ـ هيئة .

ـ إذا كانت مضمومة وقبلها ياء ساكنة أو بعدها واو سمكن اتصالها بما قبلها

مثل :( ميئوس ، مسئول ) .

### 1.كتابة الهمزة المتوسطة على ( واو )

ـ إذا كانت مضمومة وما قبلها مفتوح أو ألف مد ، مثل : ( خطؤه / تفاؤل).

ـ إذا كانت ساكنة وما قبلها مضموم ، مثل (مُؤلم).

ـ إذا كانت مضمومة وما قبلها مضموم ، مثل ( تباطؤك ) .

ـ إذا كانت مفتوحة وما قبلها مضموم ، مثل ( سؤال ) .

### 1.كتابة الهمزة المتوسطة على السطر

ـ إذا كانت مفتوحة بعد مد بالألف أو بعد واو ساكنة ؛ مثل :

( أضاءت ، توءمان) .

## الهمزة المتطرفة

ترسم تبعا لحركة الحرف الذي قبلها :

1.ترسم على ( ألف ) إذا كان الحرف الذي قبلها مفتوحا ، مثل : ( بدأ ، نشأ )

2.ترسم على ( ياء ) إذا كان الحرف الذي قبلها مكسورا , مثل :

( قارئ ، هادئ ، شاطئ )

1.ترسم على (واو ) إذا كان الحرف الذي قبلها مضموما, مثل :( تباطؤ ، امرؤ )

2.ترسم مفردة على السطر إذا كان قبلها حرف مد ( بالألف أو الواو أو الياء ) مثل : ( سماء ، وضوء ، يجئ )

ـ أيضا إذا كان الحرف قبلها ساكنا ، مثل : ( شيء ، جزء ).

## الواو فى آخر الكلمة

1.حرف أصلي ، مثل : يدعو ، يرجو ، يسمو.

2.واو جمع المذكر السالم ( علامة إعراب) ,مثل :

( طالبو العلم ـ مقدمو العون )

1.واو الجماعة ( ضمير مبنى ) ، مثل : حضروا ، كتبوا ، خشعوا .....) وتتصل بها ألف فارقة تكتب ولا تنطق .

## التاء فى آخر الكلمة

( التاء المربوطة ) : تنطق فى الوصل تاء ، وفى الوقف هاء ـ كما ذكرنا ـ ولابد من وضع النقطتين فوق التاء المربوطة ، مثل : " تعلمت فى مدرسةٍ جميلةٍ " .

( الهاء ) : تنطق هاء ـ دائما فى الوصل و الوقف ،ولا نضع فوقها نقطتين ؛مثل :

( وجه ) ◈ هذا وجه جميل . ( كتابه ) ◈ قرأ الطالب فى كتابه القديم.

## الحروف التي تحذف [139]

أولا : حذف الألف

1. تحذف من كلمة : لكن ، ولكنّ .
2. من كلمة سماء إذا جمعت ، هكذا : سموات .
3. من " الرحمن " فى البسملة وغيرها بشرط وجود " أل " .
4. من " الإله " أصلها " الإلاه " .
5. من " ها " التى للتنبيه ما لم يكن اسم الإشارة الذي بعدها غير مبدوء بتاء أو هاء وليس منتهيا بكاف . ولذا تحذف الألف فى :

هذا ـ هذه ـ هذان ـ هذين ـ هكذا ـ أيهذا ( أصلها : أى ـ ها ـ ذا ) .
ولا تحذف فى مثل : هاتان ، لأن بعد " ها " تاء .
ومثلها : هاتا ـ هاتيك ـ هاتان ـ هاتين .
ولا تحذف كذلك من " ها هنا " لأن اسم الإشارة " هنا " مبدوء بالهاء ولا تحذف الألف أيضا من " هاذاك " لوجود كان الخطاب بعد اسم الإشارة .

1. تحذف الألف من اسم الإشارة مع لام البعد فى مثل :

ذلك ( أصلها : ذا + لام البعد + كاف الخطاب ) ومثلها :
ذلكما ـ ذلكم ـ ذكلن ـ كذلك . فإن قلت ذاك بدون لام البعد ثبتت الألف .

1. تحذف الألف من ضمير المتكلم " أنا " إذا وقع بين " ها " التنبيه و " ذا " الإشارية وتركبت الكلمة من ثلاث كلمات ؛ مثل : " هأنذا " .

فإذا لم يأت اسم الإشارة " ذا " يثبت ألف " ها " مثل : ها أنا أفعل .

1. تحذف ألف " يا " فى النداء إذا كان بعدها " أى " أو " أهل " ؛ مثل :

ـ يأيها الناس ، يأهل الكتاب .

1. تحذف الألف التى بعد اللام فى اسم الإشارة " أولاء " إذا اتصل بكاف الخطاب هكذا . أولئك .
2. وتحذف من " ما " الاستفهامية غير المركبة مع " ذا " إذا دخل عليها أحد حروف الجر الستة : اللام ـ فى ـ من ـ عن ـ على ـ إلى ـ حتى ، مثل :

لم سكت ؟ فيم يختلفون ؟ عن تسأل ؟ حتام ، علام ، إلام .

## ثانيا : حذف النون :

1.تحذف النون من " إنْ " الشرطية إذا وقع بعدها " ما " الزائدة .

إنْ + ما = إما ، مثل :
فإما أن تكون أخي بحق فأعرف منك غثي من سمينى
كما تحذف إذا وقع بعد " إنْ " لا النافية ، إنْ + لا = إلا .
قال تعالى: " إلا تنصروه فقد نصره الله " .

1.تحذف النون من " أنْ " المصدرية الناصبة إذا وقع بعدها " لا " ، مثل :

يجب ألا تهمل ( أن ــ لا ــ تهمل )

## ثالثا : حذف الواو :

1.من " عمرو " فى حالة النصب : رأيت عمرا ، فإن كانت منصوبة غير منونة ــ عند وصفها ــ بـ" ابن " ثبتت الواو ، هكذا : رأيت عمرو بن أحمد.
2.تحذف من " داود " لشيوع كتابتها بواو واحدة .

## رابعا : حذف الياء :

في " أبي " وإثبات التاء مكانها هكذا : يا أبت .
كما تحذف ياء المتكلم الساكنة أيضا جوازا فى مثل : " يا قوم".

## الحروف التى تزاد خطا ولا ينطق بها

### أولا : زيادة الألف

1.فى كلمة " مائة " مفردة , والمثنى منها " مائتان / مائتين " فقط .

2.بعد واو الجماعة ، مثل : كتبوا ـ لم يكتبوا ـ اكتبوا .

3.فى آخر الاسم المنصوب المنون ، مثل : كان الرجل سعيدا . ماعدا :

ـ ما أخره تاء مربوطة : حديقة .

ـ ما أخره ألف مقصوره : فتى .

ـ ما أخره همزة على الألف : مبتدأ .

ـ ما أخره همزة مفردة قبلها ألف : سماءً .

1.تزاد فى نهاية بيت الشعر إذا كان ما قبلها مفتوحًا ، وتسمى: " ألف الإطلاق " أو " ألف الصلة " . مثل قول الشاعر :

وكنت إذا سألت القلب يوما قولى الدمع عن قلبي الجوابا

### ثانيا : زيادة الواو خطا لا نطقا

1.في الكلمات الآتية :

أولاء (بشرط عدم دخول الهاء عليها ) ـأولئك ـ أولو ـ أولى ـ أولات .

1.فى اسم العلم " عمرو " فى حالتي الرفع والجر .

### ثالثا : تزاد الألف أو الواو أو الياء فى بعض الألفاظ الدخيلة وأسماء الأعلام الأجنبية .فتزاد الألف للدلالة على أن حركة ما قبها الفتحة ، وتزاد الواو للدلالة على الضمة ، والياء للدلالة على الكسرة فى مثل : ( أوكسجين ، كلينتون ).

## وصل بعض الكلمات

### أولا: وصل " ما " بما قبلها

إذا لم تكن " ما " اسما موصولا بمعنى الذي أو التى ـ وصلت ببعض الحروف والأفعال والأسماء والظروف ,مثل :

(إما ـ إنما ـ أينما ـ أيما ـ بعدما ـ بينما ـ حينما ـ ربما ـ ريثما ـ طالما ـ قلما ـ قلما ـ كأنما ـ كلما ـ كيفما ـ كيما ـ لكيلا ـ مثلما ـ مما ).

*ـ وصل " من " و " عن " و " في " و " نعم " مكسورة العين بـ " ما " الموصولة ( مما ـ عما ـ نعما ـ فيما ) ,مثل : أجبتك عما سألت عنه .

### ثانيا : وصل " من " بما قبلها

إذا جاءت " مَنْ " بعد " مِنْ " أو " عن " وصلت بهما ,مثل : ممن أمن ؟ عمن تسأل ؟

### ثالثا : وصل " لا " بهمزة " أن " المصدرية في " لئلا "

و أصلها (لأن لا ) ثم حذفت النون وأدغمت فى اللام .

ـ كما توصل " لا " بـ " لكي " هكذا : " لكيلا " ولكنها لا توصل بـ "كي".

### رابعا : وصل بعض المركبات المزجية

وكل منها فى الأصل كلمتان صارتا بالمزج كلمة واحدة ، مثل : بعلبك ـ معديكرب ـ ثلاثمئة ( ثلاثمائة ) ـ خمسمئة ( خمسمائة ) . وبعضهم يجعلها منفصلة هكذا : ثلاث مئة ـ خمس مئة .

### خامسا : وصل الظروف المضافة إلى " إذ " المنونة ، تنوين عوض عن جملة ، مثل : (وقتئذ ـ حينئذ ـ يومئذ .... ) فإذا لم تنون " إذ " بأن ذكرت الجملة المحذوفة المعوض عنها بالتنوين لم يصح الوصل ,مثل : " حين إذا كان شابا " .

### متى يكتب ما آخره ألف ( نطقا ) : ألفا أو ياء

#### •فى الثلاثي :

1.إذا كانت الألف أصلها واو ، بقيت على حالها ألفا ؛ مثل :

غزا ◊ يغزو. ـ محا ◊ يمحو. ـ هفا ◊ يهفو.

1.إذا كان أصل الألف ياء ، كتبت ياء ، مثل :

مشى ◊ يمشي. ـ بكى ◊ يبكي. ـ نعى ◊ ينعي(نعيا) .ـ سعى ◊ يسعى(سعيا).

1.إذا كان الاسم الثلاثي : مضموم الأول أو مكسوره ، جاز فيه الوجهان :

مثل : خطا أو خطى ( جمع خطوة ). ـ ربا أو رُبى ( جمع ربوة ). ـ رضا أو رضى . ـ حجا أو حجى ( عقل ). ـ ذرا أو ذرى .

1.كل ما قبل آخره ياء يكتب ألف ◇ يحيا ، يعيا .

2.إذا كان في أول الكلمة أو في وسطها واو ، فإن الألف التي في آخرها تكتب ياء مثل : وعى ـ وغى ـ نوى ـ هوى .

*ـ إذ لم تعرف أصل الألف فاكتبه بالألف .

## في الرباعي

1.يكتب بالياء دائما ,مثل : مصطفى ، مرتضى .

2.الاسم الأجنبي يكتب كما جرى به العُرف ، فإن لم يجر به عرف فاكتبه كيف شئت ، وأكثر ما يكون بالألف , مثل :

( فرنسا ـ كندا ـ سويسرا ) . ( موسى ـ عيسى ـ بخارى ) .

3ـ ما يكتب بالألف أو الياء : موسيقا أو موسيقى .

**الواو التي في آخر الكلمة ، متى نضع أمامها ألفا**

ـ اسم + واو ◇ واو الجمع ( مسلمون ـ صالحون ) .

ـ فعل + واو ◇ واو الجماعة ( يعملون ـ يذهبون ) .

1.الواو المتصلة بالاسم لا نضع أمامها ألفا بأي حال من الأحوال , مثل :

مدرسو المدرسة ـ معلمو الأجيال .

1.الواو المتصلة بالفعل نضع أمامها الألف في مثل :

كتبوا ـ اكتبوا ـ لم يكتبوا ـ لن يكتبوا .

## علامات الترقيم

### 1.النقطة ( . )

وتوضع فى نهاية كل جملة مستقلة عما بعدها فى المعنى والإعراب ، وتوضع كذلك فى نهاية الفقرات ولا توضع مطلقا فى نهاية أبيات الشعر ؛لأن القافية تعمل عملها ؛ مثل : ( الصلاة نور . والصدق طريق الجنة ) .

## 1.الفصلة ( ، )

وتوضع فى المواضع التالية :
أ ) الجمل المعطوفة ، والجمل المتصلة ، مثل :
ـ يجب أن تجتهد فى عملك ، وتؤدي واجبك ، وتحترك الآخرين .
ب) بين الشيء وأقسامه ، مثل : " عليكم بالشفاءين : العسل ,والقرآن".
جـ ) بين جمل الشرط والجزاء ، أو بين القسم وجوابه ، مثل :
ـ من يسع فى الخير ويخلص العمل ، ينل الثواب الطيب .
د ) قبل ألفاظ البدل ، مثل : نعتمد على الأقوياء ، أقوياء اليقين . وذلك حين يراد لفت النظر إليها أو تنبيه الذهن عليها وكذلك بعد المنادي ؛ مثل :
يا محمد ، أقبل .

## 1.الفصلة المنقوطة ( ؛ )

وتوضع بين جملتين بينهما علاقة سببية ؛ مثل :
عليك بالصدق ؛ لأنه أساس الأخلاق الفاضلة كلها .

## 1.علامة الاستفهام ( ؟ )

وتوضع بعد الجمل الاستفهامية ، مثل : أين المفر ؟
ويشترط ألا يكون الاستفهام معلقا أو معمولا لعامل نحوي ، مثل :
ـ لا أدري ، أسافر على أم لم يسافر بعد .
ـ استفهمت منه كيف تعلم السحر ، وما الغاية التى قصدها .

## 1.علامة التعجب ( ! )

وتوضع فى نهاية الجملة لتعبير عن التعجب ، مثل : ما أجمل السماء!
وتوضع كذلك بعد كلمات الانفعال والتأثر ، مثل : وا أسفاه ! ـ وافرحتاه!
**ملحوظة مهمة : علامات الترقيم لا تستخدم عند كتابة الشعر العمودي .**

1. النقطتان العموديتان ( : )

توضعان عندما نريد توضيح ما قبلهما ، وما مواضعها :
أ ) بين القول والكلام المقول ، أو ما فى معناه ، مثل : قال صديقي : الحق قادم
ب) بين الشيء وأقسامه ، سواء كان ذلك على سبيل الحصر أم التمثيل :
مثل :ـ قرأت عن الشيخين : أبي بكر وعمر .
جـ ) قبل الأمثلة التى توضح قاعدة , مثل :
يرفع المثنى بالألف , مثل : الشجرتان مثمرتان .
د ) بعد الأمر الذي ينتهي بكلمات : ما يلي / الآتي / التالي / الآتية , مثل :
( أجب عما يلي: ).

1. النقطتان الأفقيتان ( .. )

تستعملان للدلالة على السكتة القصيرة ، مثل : ولما كان هذا ممكنا .. فقد قررنا
أن نخوض التجربة .

1. القوسان ( ) أو [ ] فى المواضع الآتية :

أ ) حول بعض الأرقام ، مثل ( 100 ).
ب) حول بعض الحروف ، مثل : قرأت الفقرة ( ج ) من المادة ( 41 ) من
القانون .
جـ) حول التفسير العارض وسط الكلام , مثل :ـ العقاب ( بضم أوله وفتح
ثانية) طائر من الجوارح .
د ) حول سنوات الميلاد أو الوفاة إذا ذكرنا ما بعد اسم العلم ,مثل :
للمعلقات عدة روايات أقدمها رواية حماد الراوية (ت 156 هـ )وقد شرحها
الزوزنى(ت 86 هـ ) .
هـ ) التذكير بأمر أو لفت نظر إليه ، ومعنى هذا أن حذف ما بين القوسين هنا
لا يخل بالسياق ,مثل :ـ المبتدأ ( وهو هنا نكرة ) تأخر عن الخبر شبه الجملة .
و ) عند ذكر مصطلح بديل بجانب المصطلح المذكور ,مثل :ـ
الفصلة ( أو الفاصلة ) علامة ترقيم شائعة .
ز ) أما نصفا المستطيل [ ] فيوضعان حول ما يضيفه الكاتب إلى نص اقتبسه
، مثل : قال أبو العلاء المعري : " هذا جناه أبي على [ مع أن الجناة كثيرون ] وما
جنيت على أحد " .

## 1. علامتا التنصيص " "

يوضع بينهما الكلام الذي نقل بنصه وحروفه دون تصرف ، مستوفيا كل علامات الترقيم ، كما لو كان كلاما مستقلا , مثل : ـ

ـ قوله تعالى :" كل نفس ذائقة الموت " .

ولا توضع علامتا التنصيص فى مجال الشعر إلا لتحصر بيتا لشاعر آخر ضمنه الشاعر قصيدته ، من مثل ما فعل ابن زيدون حين ضمن احدى قصائده بيتا للمتنبي حين قال :

وأفردته الليالي مـن أحبتـه فبات ينشدها مما جنى الزمن

" بم التعلل ؟ لا أهل ولا وطن ولا نديم ولا كأس ولا سكن " البيت الأخير للمتنبي ولذا يحسن وضعه بين علامتي تنصيص .

## 1. الشَّرْطة ( ـ ) وتوضع فى الحالات الآتية :

أ ) بين العدد ـ رقما أو لقظا ـ ومعدوده ، أو ما يقوم مقام العدد , مثل : ـ حالات إعراب الاسم ثلاثة : 1ـ الرفع. 2ـ النصب. 3ـ الجر . ب) بين المبتدأ والخبر إذا طال الكلام بينهما , مثل : الطالب الذي يجتهد ، ويخلص فى عمله ، ويؤدي واجبه ـ محبوب من الناس .

جـ ) وبين الشرط وجوابه إذا طال الكلام بينهما , مثل :

إذا خططت لحياتك ورسمت لنفسك قدوة تقتدي بها، واستعنت بالصبر ـ فسوف تنجح .

د ) فى أول الجملة الاعتراضية ونهايتها , مثل : ـ إن أبا بكر ـ رضي الله عنه ـ أول الخلفاء الراشدين.

هـ ) فى النيابة عن " قال " فى أسلوب الحوار ، مثل : قال الرجل لصديقه : كيف حالك ! ـ بخير والحمد لله . و ) للفصل بين الكلمات المفردة ، مثل : هات مضارع مما يلي : وعد ـ ولد ـ وقف . ز) استعملت فى شعر التفعيلة لتفيد معنى المماثلة فى الإيحاء ، أو لارتباط ما فبلها بما بعدها , مثل: قول الشاعر :

الأم ـ الوطن ـ الفردوس المفقود ـ الرعب المولود ـ الحب المصفود .

## 1. علامة الحذف ( ... )

أ ـ للدلالة على كلام محذوف من نص مقتبس .

ب ـ إذا جاء بالنص المقتبس لفظ لا يليق نقله ، فإنه يحذف ويوضع مكانه ثلاث نقط للدلالة على المحذوف .

ج ـ تستخدم أيضا فى الشعر الحر للدلالة على امتداد العاطفة أو المشهد مثل :
وكأنهما قتلوه ........ كأن الشعر أراد بكل هذه النقط ، أن نقف معه لحظات صمت ؛ حدادا على القتيل .

ـ وقد تدل على الصمت ، لعدم القدرة على الكلام ؛ مثل :
هل عندك أقوال أخرى ........ ؟

<u>الفراغ</u>

ويكون فى بداية كل فقرة ، بقدر سنتيمتر فيما يخط . ونصفه فيما يطبع ، كما يترك فراغ مناسب بين الفقرتين . أو بين الفقرة الأخيرة والعنوان الفرعي الذي يليها ، أو بين العنوان الرئيسي وما يليه .

# المصادر والمراجع


1.القرآن الكريم.

2.أضواء في قواعد اللغة العربية ـ د/أحمد محمد فارس ـ دار الفكر اللبناني ـبيروت الطبعة الأولى-1990م.

3.شذا العرف في فن الصرف ـأحمد الحملاوي ـمكتبة الآداب.

4.شرح ابن عقيل على ألفية ابن مالك ـتحقيق/محمد محيى الدين عبد الحميد ـ الطبعة العشرون ـدار مصر للطباعة ـنشر دار التراث ـ القاهرة.

5.فى أساسيات اللغة العربية ـ د / عبد العزيز النبوي ط 3 / 2004 ، مؤسسة المختار للنشر والتوزيع .

6.اللباب في توضيح النحو والإعراب ـ د/حمدي الشيخ ـ المكتب الجامعي الحديث/2014.

7.مرشد الطلاب إلى فن الإعراب ـ د/عصام عيد أبو غربية ـدار الهانئ للطباعة والنشر.

8.النحو المصفى ـ د/ محمد عيد ـ مكتبة الشباب-1989.

9.النحو الموجز ـ (د/علي أبو المكارم ـ د/محمود شرف الدين ـد/أحمد عبد الدايم ـد/شعبان صلاح) دار الثقافة العربية.

10.النحو الوافي ـ عباس حسن ـ دار المعارف ـ الطبعة الحادية عشرة.


◈◈

# الفهـــــــــــــــرس

---


[1]ـ سورة يوسف الآية (100)

[2]ـ سورة الحجرات الآية (10)

[3]ـ سورة يوسف الآية ( 99)

[4]ـ سورة البقرة الآية ( 61 )

[5]ـ سورة البقرة الآية ( 184 )

[6]ـ سورة الإنسان الآية ( 4 )

[7]ـ سورة المؤمنون 45

[8]ـ سورة الزمر 21

[9]ـ سورة الفاتحة 2

[10]سورة الكهف 46

[11]سورة الحجر 91

[12]سورة المطففين 18

[13]سورة البقرة 168

[14]سورة النساء 152

[15]سورة النحل 24

[16]سورة النساء 28

[17]سورة البقرة الآية 184

[18]سورة مريم الآية 46

[19]سورة الأعراف الآية 49

[20]سورة النمل الآية 60

[21]سورة الروم الآية 26

[22]سورة آل عمران الآية 185

[23]سورة الأعراف 26

[24]سورة الحاقة 1-2

[25]سورة آل عمران الآية 144

[26]سورة الصافات الآية 47

[27]سورة الرعد 35

[28]يوسف/ 85

[29]سورة مريم / 31

[30]سورة طه الآية 91

[31]سورة الروم الآية 47

[32]الشورى 53

[33]سورة مريم 20

[34]سورة البقرة 216

[35]القصص 76

[36]البقرة 143

[37]المزمل 20

[38]سورة يوسف الآية 31

[39]سورة القمر الآية 50

[40]سورة يوسف الآية 36)

[41]سورة النساء الآية 73

[42]سورة القصص الآية 8

[43]سورة الشورى الآية 51

[44]سورة الحجرات الآية 14

[45]سورة الزلزلة الآية 7

[46]سورة البقرة الآية 197

[47]سورة النساء الآية 78

[48]سورة الإسراء الآية 110

[49]سورة النساء الآية 9

[50]سورة آل عمران الآية 37

[51]الروم 36

[52]سورة الأنعام الآية 35

[53]سورة مريم 26

[54]الأنفال 25

[55]سورة التوبة الآية 6

[56]سورة الأنبياء الآية 37

[57]القارعة 3

[58]المعارج 6-7

[59]يوسف 36

[60]البقرة 46

[61]آل عمران 180

[62]سورة البقرة الآية 167

[63]سورة البقرة الآية 124

[64]سورة الفاتحة الآية 5

[65]سورة الضحى الآية 9

[66]سورة الضحى الآية 3

[67]سورة الحاقة الآية 14

[68]سورة الصافات الآية 2

[69]محمد 4

[70]سورة النور الآية 4

[71]سورة المائدة الآية 115

[72]سورة نوح الآية 17

[73]سورة السجدة الآية 16

[74]الأنفال 26

[75]الجمعة 11

[76]الليل 1

[77]محمد 16

[78]الروم 4

[79]سورة يوسف الآية 14

[80]سورة البقرة الآية 36

[81]الصف 5

[82]الحجر 11

[83]الأعراف 4

[84]سورة البقرة الآية 89

[85]فصلت 10

[86]النمل 19

[87]سورة مريم الآية 17

[88]سورة المؤمنون الآية 52

[89]الأعراف 142

[90]سورة هود الآية 81

[91]سورة العنكبوت الآية 60

[92]سورة يوسف الآية 29

[93]سورة الزمر الآية 53

[94]سورة الزمر الآية 16

[95]سورة الزمر الآية 56

[96]سورة الأعلى الآية (17)

[97]البقرة 28

(98) سورة مريم الآية 38
(99) الكهف 5
(100) سورة الأنفال الآية 40
(101) سورة الأحزاب الآية 7
(102) سورة القدر الآية 5
(103) سورة نوح الآية 25
(104) سورة الحجر الآية 2
(105) سورة الشورى الآية 11
(106) سورة الكهف الآية 65
(107) سورة الروم الآية 4
(108) الأعراف 56
(109) سورة النساء الآية 75
(110) سورة المسد الآية 4
(111) سورة سبأ الآية 11
(112) سورة الكهف الآية 79
(113) سورة النبأ 4-5
(114) سورة ص الآية 83
(115) سورة الحجر الآية 30
(116) سورة الفاتحة 6 - 7
(117) سورة المزمل الآيات 1 - 3
(118) سورة البقرة الآية 217
(119) سورة الفرقان الآية 69
(120) سورة الشعراء 132-134
(121) سورة مريم الآية 80
(122) سورة المائدة الآية 114
(123) سورة النور الآية 35
(124) سورة إبراهيم الآية 16
(125) سورة العنكبوت الآية 15
(126) القصص 15
(127) سورة سبأ الآية 24
(128) سورة البقرة الآية 6
(129) سورة الرعد الآية 16
(130) سورة الرعد الآية 23
(131) سورة الأنعام الآية 148
(132) سورة الحديد الآية 18
(133) سورة الإسراء الآية 23
(134) سورة المائدة الآية 105
(135) الحاقة 19
(136) سورة نوح 22
(137) سورة البقرة 251
(138) سورة البلد 14-15
(139) انظر كتاب : " فى أساسيات اللغة العربية " د / عبد العزيز النبوي ط 3 / 2004 ، مؤسسة المختار للنشر والتوزيع .